W0247843

Berlin Hüttenweg – Stadt erzählen

Berlin Hüttenweg
Stadt erzählen

Herausgegeben von Oliver Lubrich
und Hans Jürgen Balmes

 Matthes & Seitz Berlin

INHALT

VLADIMIR SOROKIN

13 Fragen von Durs Grünbein an Vladimir Sorokin

1

Wenn Hitler den Krieg gewonnen hätte und Rußland wäre vollständig unterworfen und eingemeindet (das neue Gotenland), was glaubst Du, würdest Du heute tun?

2

Viele Deiner Bücher übersetzen Ideologien in magische Praktiken, politische Herrschaft in die Geschichte sexueller Verstrickungen. Wie würdest Du das Verhältnis von Rußland und Deutschland in ritueller und sexueller Hinsicht beschreiben?

3

In der alten russischen Fehde zwischen Slawophilen und Westlern, auf wessen Seite stehst Du?

4

Nabokovs Antrieb war die Verteidigung der eigenen Kindheit gegen den Bolschewismus. Gibt es für Dich eine schriftstellerische Mission?

5
Welche ist für Dich die ungeheuerste Perversion?

6
Ist Krankheit für Dich die Bedingung für Literatur,
organische Störung der Hintergrund aller Poesie?

7
Welches glaubst Du, ist Dein Defekt?

8
Wer ist Dir wichtiger beim Schreiben, die Lebenden
oder die Toten?

9
Charles Darwin, Karl Marx, Sigmund Freud, Albert
Einstein... wird Dein Schreiben in irgendeiner Form
von Fundamentaltheorien gleich ihren beeinflußt
oder bedroht?

10
Welche Religion ist Dir die liebste, und warum?

11
Wenn Du mit Stalin hättest vertraulich reden können,
was hättest Du ihm gesagt?

12
Falls es sie gibt, welches ist Deine politische Hauptidee?

13
Was ist für Dich Schönheit?

Durs Grünbein, 8. Mai 1997
(Tag der Kapitulation)

13 Antworten an Durs Grünbein

1

Ich wäre ein wandernder Musikant. An geraden Tagen würde ich auf dem Akkordeon spielen und Hits von Hans Albers singen, an ungeraden auf der Balalaika spielen und russische Volksweisen vortragen. Ich denke, in der Folge würden sich mir viele russische Literaten anschließen, und unser Orchester »Die neue Ordnung« erfreute sich einiger Popularität auf dem okkupierten Territorium.

2

Deutschland und Rußland sind zwei Liebende. Ihre periodischen Kriege und anschließenden Versöhnungsphasen künden von langwährenden und leidenschaftlichen Beziehungen. Doch das Hauptproblem dieses Paares ist die Unmöglichkeit des Orgasmus: Rußland ist allzu groß für Deutschland; das kruppstahlharte teutonische Glied verliert sich in den unermeßlichen Weiten der russischen Vagina. Dies ruft bei den Partnern Verstimmung hervor. Die Geschichte des Zweiten Weltkriegs veranschaulicht dies trefflich. Zu jener Zeit war Leningrad der Kopf des russischen kollektiven Körpers, Kiew das Herz, Moskau die Vagina und Stalingrad der Anus. Rußland gab sich Deutschland damals ohne Zögern hin und überließ ihm Kiew praktisch kampflos. Die deutschen Truppen erreichten Moskau zügig. Meine Heimat lag auf dem Rücken und spreizte ergeben die Beine in bebender Erwartung. Doch unversehens richtete Hitler den Hauptangriff nicht gegen Moskau, sondern gegen Stalingrad (in den Anus), in der Hoffnung, im engeren Anus den ersehnten Orgasmus zu bekommen. Natürlich rief eine derartige »Perversion« im bäuerlichen Rußland eine ungeheuer aggressive Reaktion hervor. Kaum waren die deutschen Truppen in Stalingrad eingezogen, faßte Rußland dem Geliebten an die Kehle und begann, ihn zu würgen. Darauf drängte es ihn gen Westen zurück, nahm die Keule und... was weiter geschah, weißt Du.

3

Wenn ich in Rußland lebe, fühle ich mich als Westler. Mich verärgern jene russischen Wesenszüge wie Kollektivismus, Fatalismus und Mystizismus. Doch kaum befinde ich mich im Westen, werde ich unverzüglich zum Slawophilen. Mich verstören der westliche Pragmatismus, Egoismus und Atheismus. Mir kommen russische Lieder, Gedichte, Kochrezepte, die russischen Weiten und Kirchen in den Sinn. Doch sobald ich die Grenze überschreite, und der russische Sergeant meinen Paß nimmt und mir in die Augen schaut, erstirbt der Slawophile in mir auf der Stelle, und alles beginnt wieder von vorn.

4

Der Schriftsteller hat die Mission, sachkundig seine Phantasien niederzuschreiben.

5

Nach unserer blutigen Geburt, als man uns mit Stöhnen und Schreien in die Welt setzte, an den Beinen faßte, die Nabelschnur abschnitt, wusch und in ein Laken einwickelte, ist es einfach sinnlos und heuchlerisch, über die Perversionen dieser Welt zu sprechen. In dieser Welt ist alles organisch und gleich groß: das morgendliche Rauschen des Laubes, Geiselerschießungen, die Herstellung von Möbeln, eine Atomexplosion, political correctness, holländische Tulpen, das Abziehen der Haut bei lebendigem Leibe, die erste Liebe, Gaskammern, das Sammeln von Schmetterlingen, der Flug auf den Mond, die Elefantenjagd, der Film *Terminator*...

6

Mit Literatur befassen sich jene Menschen, die durch Traumata und Erschütterungen in der Kindheit die Welt verloren haben und nun zurückbleiben, wie hinter einem Zug. In diesem Zug sitzen Leute mit gesunden Berufen: Tischler, Bankiers, Krankenschwestern, Fischer... Die Schriftsteller laufen ihr ganzes Leben lang hinter diesem Zug her in der Hoffnung ihn einzuholen. Aber die Hoffnung trügt. Uns bleibt einzig, diesen Zug zu beschreiben, seine Waggons, Räder, den Rauch aus den Schloten, die Passagiere hinter den Fenstern. Und unser Los ist, solange hinter ihm herzurennen, bis man auf den Gleisen zusammenbricht.

7

Bislang weiß ich das nicht. Es fällt mir schwer, etwas aus meinen Kindheitstraumata herauszufiltern. Für mich sind sie alle gleich. Zweifellos ist es für mich selbst schwierig, sie zu qualifizieren und zu interpretieren. Und mich an Psychoanalytiker zu wenden, interessiert mich nicht.

8

Wenn ich mich an den Schreibtisch setze, erstehen die russischen Schriftsteller aus ihren Gräbern auf und stellen sich mit grimmiger Miene hinter meinen Rücken. Und je länger ich schreibe, desto grimmiger und düsterer werden sie. Mit dem Rücken spüre ich ihre vollständige Mißbilligung. Ich höre, wie schwer Lew Tolstoi stöhnt, Dostojewskij Gebete murmelt, Lermontov böse mit den Zähnen knirscht, Tschechow leise weint und Puschkin murmelt: »Welch ein Schuft, ach, welch ein Schuft!« Wenn ich den Stift niederlege, verschwinden die Klassiker, und lebende Menschen treten herein, meine Zeitgenossen. Sie lesen das von mir Niedergeschriebene und reagieren auf dieselbe Weise wie die Klassiker: Sie seufzen schwer, knirschen mit den Zähnen, murmeln

»Dieser Schuft!« Daraus folgt, daß für den Schriftsteller, den Marginalen, die Toten ebenso wichtig sind wie die Lebenden.

9

Zu den exakten Wissenschaften und den Fundamentaltheorien hatte ich immer ein gelassenes Verhältnis. Weder eine Fundamentaltheorie noch ein philosophisches System haben mein Bild von der Welt je verändert. Ich vertraue mehr den Künstlern als den Wissenschaftlern.

10

Mit 25 Jahren wurde ich in einer orthodoxen Kirche getauft. Seither betrachte ich mich als orthodox gläubig, obgleich ich selten in die Kirche gehe. Leider.

11

Stalin war ein schlechter Redner, ein mittelmäßiger Theoretiker, ein kleiner Mann mit einem pockennarbigen Gesicht und schlaffen Bewegungen. Aber er verfügte über eine kolossale innere Kraft, die den Willen eines jeden Menschen lähmen konnte. Sogar Churchill schreibt in seinen Memoiren, daß er, als Stalin während der Potsdamer Konferenz den Saal betrat, aufsprang wie ein Schüler vor seinem Lehrer. Ich würde versuchen, Stalin über das Wesen dieser Kraft zu befragen. Wann hat er sie in sich verspürt? Hat er sie als Gabe erkannt?

Besaß er sie von Kindheit an, oder trug etwas dazu bei, daß er sie erwarb? Womit wäre sie zu vergleichen? Verspürte er diese Kraft noch in jemand anderem? Und wenn ja, in wem?

12

Die Politik in Reinform ist unerträglich langweilig. Zum Glück habe ich sie immer nur durch das vielfarbige Prisma der Kunst betrachtet. Darin besteht meine politische Hauptidee. Da treffen sich beispielsweise Jelzin und Kohl, sie kommen einander entgegen, um sich die Hände zu schütteln. Ich sehe, wie ein grauer Findling und ein weißer Kohlkopf auf dem teppichbelegten Weg aufeinander zurollen. Und der Laut, mit dem sie zusammenstoßen – das ist die Musik des neuen politischen Denkens. Oder nehmen wir unseren Alexander Lebed. Ich sehe ihn oft in Gestalt eines Skythen mit einer Keule, welcher auf dem gehäuteten Bären Rußland reitet. Wenn ein Mensch mit diesem Gesicht der Präsident Rußlands würde, wäre ich glücklich. Dann würden wir alle eine fesselnde Reise ins bronzene Zeitalter antreten.

13

Bis heute begreife ich nicht, was das ist. Einerseits ist Schönheit Harmonie, andererseits die stechende Mahnung an den Tod. Jedesmal, wenn ich wirklicher Schönheit begegne, erweckt dies in mir ein inneres Lachen, übergehend in Schluchzen. Das begann mit dem dritten Lebensjahr, als ich auf dem Flugplatz ein aufsteigendes Flugzeug erblickte. Ein zutiefst beunruhigendes Gefühl.

Aus dem Russischen von Barbara Lehmann

V. Y. MUDIMBE

Berliner Tagebuch

PALO ALTO, 13. APRIL 1999

Recht früh bin ich mit dem Kofferpacken fertig. Ich nehme mir eine kleine tragbare Bibliothek für die Reise und die ersten Tage in Berlin mit. Ein paar Bücher über Deutschland, den Buddhismus, Grundlagenwerke für meinen Unterricht, Romane, kleine Abhandlungen: namentlich *The Doors of Perception* von Aldous Huxley, sowie *Heaven and Hell* (N.Y., HARPER AND ROW, 1990), ein detaillierter Bericht über Grenzen und Randbereiche eines Bewußtseins unter Drogeneinfluß; und Kants unübertroffenen Versuch über das Erhabene: *Observations on the Feeling of the Beautiful and Sublime*, in der schönen Übersetzung von John J. Goldthwait (BERKELEY, UNIVERSITY OF CALIFORNIA PRESS, 1991).

Im Grauen davor, ohne meine Lieblingszerstreuung auskommen zu müssen, das Vergnügen der Lektüre und der Erfahrung, im Kopf eines anderen herumzuspazieren, füge ich in letzter Sekunde den monumentalen Band von Albert Speer hinzu, mehr als 500 Seiten in meiner Ausgabe: *Inside the Third Reich* (N.Y., GALAHAD, 1995). Das wird mich ein paar Tage beschäftigen.

Von Geistern begleitet Berlin betreten. Ich habe einen Führer für mich gefunden, Brian Ladd, berühmtes Mitglied der American Academy in Berlin. Sein jüngstes Buch *The Ghosts of Berlin* (CHICAGO, UNIVERSITY OF CHICAGO PRESS, 1995) soll Anlaß für eine Konfrontation sein. Der Untertitel: *Confronting German History in the Urban Landscape.*

BERLIN, 17. APRIL 1999
In Berlin erwartet mich ein junger Kollege von der Freien Universität Berlin, Oliver Lubrich. Das Flugzeug hat eine Stunde Verspätung. Ich entschuldige mich: Ich kann nichts dafür. Eine Selbstverständlichkeit? Er bringt mich zu meiner Wohnung, bestellt mir eine Pizza per Telefon und verabschiedet sich. Ich werde ihn Montag früh vor meinem Seminar sehen. Was tun, um zu überleben? Morgen ist Sonntag. Alles ist zu. Ich werde doch nicht für einen Kaffee ins Restaurant gehen.

Meine Wohnung in der Garystraße 69 gefällt mir sehr. Sie ist unprätentiös. Ganz weiß, geräumig. Zwei Schlafzimmer, eine Küche, ein Badezimmer und ein großes Wohnzimmer mit einer Eßecke und einem Schreibtisch.

BERLIN, 19. APRIL 1999
Mein erstes Seminar an der Freien Universität Berlin. Alles läuft gut. Amüsant: Zwei Studenten folgen mir, eine

junge Frau aus Duke und ein junger Mann aus Stanford. Ich weiß nicht, ob ich mich geschmeichelt oder belästigt fühlen soll.

Oliver Lubrich, ein großzügiger Mensch, fährt mich zum Einkaufen. Ich entdecke, daß Deutschland nicht Amerika ist. Im Supermarkt wird meine Kreditkarte abgelehnt. Ich muß bar zahlen.

BERLIN, 20. APRIL 1999

Ich gehe durch den Morgen, allein. In der Clayallee eine rote Ampel hinter der amerikanischen Botschaft. Ein Schauder läuft durch meinen Körper. Mir ist kalt. Eine Idee, ein Gefühl, eine Überzeugung drängen sich mir auf. Eine völlige Ablösung von der Welt, von ihrem Prunk, von mir selbst.

BERLIN, 21. APRIL 1999

Eingeschüchtert von der Werbung, die man für meinen Vortrag am 4. Mai gemacht hat. Es geht um die Interpretationskonflikte in einer interkulturellen Welt, Ort ist der Otto-Braun-Saal der Berliner Staatsbibliothek.

Am späten Nachmittag langer Spaziergang auf der Clayallee, eine Dreiviertelstunde. Halt im Sekretariat, um die allmächtige Frau Putzbach zu besuchen. Konzentriere mich auf mein Seminar am Freitag.

BERLIN, 25. APRIL 1999

Friedliches Wochenende. Habe meine Wohnung seit Freitagnachmittag nicht verlassen.

Ohne Radio, Fernsehen, Zeitung ist die Einsamkeit perfekt. Heute abend, mein nächster Kurs ist vorbereitet, spüre ich Kraft und Energie für die neue Woche aufkommen. Es wird eine gute Nacht werden.

BERLIN, 27. APRIL 1999

Um zehn Uhr morgens von West nach Ost quer durch Berlin zur Pressekonferenz beim DAAD, Markgrafenstraße 37. Oliver Lubrich fährt mich. Ein weiteres Mal ist er mein Führer. Eine Fahrt durch Vergangenheit und Zukunft zugleich. Ein Zeichen: Der Reichstag in seiner neuen Transparenz benennt es gut. Ein Ort, ein Monument des 19. Jahrhunderts, ein Gedächtnis des 20. Jahrhunderts mit seinen Spuren der Bombenangriffe und sogar mit russischen Graffitis aus der Zeit nach 1945.

BERLIN, 28. APRIL 1999

Alles oder fast alles, was Deutschland betrifft, scheint sich in binären Oppositionen darzustellen, ein Vor und ein Nach dem Hitlersozialismus. Doch vermute ich etwas anderes. Züge, Epitheta, Metaphern zeigen sich meinem Bewußtsein fast immer in Paaren: das Neue tritt nicht zum Alten hinzu, sondern zermalmt es, die Notwendigkeit des Wiederaufbaus steht dem Denkmalkult mit seinem Sinn für Wurzel und Ursprung entgegen; die Geschichte als Zirkulation von Themen mit einer Bestimmung formuliert sich zugleich in stets unterschiedlicher Materialität unablässig neu. Kein Zweifel: oft scheinbar widersprüchliche Wahrheiten sind zu enthüllen; doch in wessen Namen auf die Wirksamkeit dessen verzichten, was sie nicht sagen können? Kann ich denn dieses Unbehagen nur in Hinblick auf Deutschland denken? Seit wann? Das bringt mich auf ein seltsames Paradox: Der größte Teil der Essays über Deutschland, die ich aus den USA mitgebracht habe, ist auf englisch. Schlichter Zufall oder schuldige Zerstreutheit?

BERLIN, 1. MAI 1999

Langer Spaziergang am späten Vormittag. Halt in einer Apotheke, um mir Pyralvex gegen meinen tobenden Zahnschmerz zu kaufen. Ich nehme es sofort und reichlich. Nun sucht eine Verkäuferin das Gespräch – oder ist es eine Apothekerin? Woher ich komme? Ach, aus den USA! Das versteht sich doch von selbst, sage ich mir. Mit den Gedanken anderswo, in den Zähnen. Der Schmerz reicht mir. Die Verhandlung um das Schmerzmittel, auf deutsch, war mühevoll gewesen. Sie fragt mich, ob mein Akzent französisch sei. Nein, ich denke, er ist afrikanisch oder sowas. *Auf Wiedersehen.* Die Straße war mir eine Befreiung.

In der Zeitung *Der Tagesspiegel*, Nr. 16.682/Dienstag, 4. Mai, Seite 26, dieser Artikel »V. Y. Mudimbe erfindet Afrika«. Zutiefst erstaunt. Im Institut hat ein junger Student darin einen Grund zum Feiern gefunden. Was soll das heißen?

In mich selbst zurückgezogen. Es braucht die Geduld von L., um mich zu entdecken. Seit heute morgen ruft sie mich im Büro und in der Wohnung an. Sie hat die Institutssekretärin nachmittags erreicht und mich selbst heute abend um sieben. Soviel Anstrengung für eine Idee! Unglaublich: Was ist eine Idee?

Sicher, da ist Husserl. Das ist aber nicht der Grund deines Anrufs, oder? Kontakt aufnehmen. Ein guter Grund! Was ich in Deutschland mache? Was ich von den Deutschen halte? Sollte ich derlei Fragen wirklich ernst nehmen? Ich habe einen fiesen Witz über die Deutschen gefunden, von einem Franzosen erzählt, Jean B., einem gemeinsamen Freund. Am Tag nach dem Mauerfall soll Madame Thatcher eine Gruppe von Beratern, Spezialisten in europäischer Geschichte, zu einer Tagung zusammengerufen haben. Thema: Haben die Deutschen sich verändert? »Und weiter?« fragt sie mich, als gäbe es eine Fortsetzung. Von dem Witz oder von der Frage? Ob die Deutschen sich verändert haben? Das müßte man Frau Thatcher fragen.

Der Phönix ist ein Vogel. Symbol der Auferstehungen: Zerstört ersteht er aus seiner Asche wieder auf. Die Deutschen haben einen Ort daraus gemacht, an dem die Gespenster von Renzo Piano, Helmut Jahn und Arata Isozaki sich begegnen und kreuzen, zugleich in greller Sichtbarkeit und physisch unsichtbar. Neugierige Touristen halten an, bewundernd oder gleichgültig. Aus Gewohnheit? Viele Deutsche überqueren den *Potsdamer Platz* mit der Geschwindigkeit, die das Regnum von Daimler-Chrysler und Sony vorgibt. Sie scheinen unempfindlich geworden zu sein für die Paradoxa, die der Phönix verkörpert, Symbol, Frucht ihrer Geduld und ihrer Mühen.

Eine Reiseagentur empfiehlt mir drei Tage: eine Topographie in Berlin.

Zuerst der Hinweg, Straße für Straße, *Unter den Linden* entlang, von Nordost nach Südwest; und dann wieder zurück zum Ausgangspunkt. Im Grunde ungefähr die Tour eines eiligen Touristen, der wenig Zeit hat.

Die zweite Tour: eine profundere Einführung in die Geschichte jedes Bauwerkes, seines Stils und seines Inhalts. So nacheinander noch einmal alle Stationen, systematisch und auf folgende Monumente konzentriert: (a) Deutsches Historisches Museum, (b) Neue Wache, (c) Humboldt-Universität, (d) Staatsbibliothek, (e) Deutsche Guggenheim, (f) Altes Palais, (g) Bebelplatz, früher

Opernplatz, berühmt geworden durch die Nazis, die dort Bücher verbrannten, (h) Bebauung des Platzes: die St. Hedwigs-Kathedrale und die Oper, im Nordosten dann das Kronprinzenpalais.

Daran schlösse sich dann eine vertiefte Arbeit an, von einer Sektion, von einem Objekt zum nächsten. Ich habe diese Dame aufmerksam angeschaut. Sie trug mir eine geographische Ökonomie und eine Strategie zur sicheren Erstürmung der Monumente vor. Braunes Haar, ein gewisses Alter – aber was soll das sein, ein gewisses Alter? –, durchdringender Blick. Sie hat das heilige Feuer. Entspanne diesen allzu ernsten Geist, habe ich mir gesagt. Aber warum? Diese gute Frau hatte nur auf meine Erwartung geantwortet. Ein wenig spöttisch habe ich sie gefragt, wieviele Jahre man für die kompletten drei Touren bräuchte. Natürlich scherzte ich. Doch etwas anderes geschah. Die Gute bot mir Rechungen, sie überschlug Kosten und teilte mir die Zeit ein. Es war nicht zu glauben. Mir gelang es, sie zu unterbrechen; habe ihr versprochen, ohne es einen Moment ernst zu meinen, noch einmal wiederzukommen, um Rat und Führung zu erbitten, und habe ihr mein großes Interesse an der *Staatsbibliothek* beteuert. Da ich dort gesprochen hatte, kannte ich sie gut. Warum sie besichtigen?

BERLIN, 7. MAI 1999

Gutes Seminar über die Paradoxa der Identität. Ein friedliches Wochenende kündigt sich an. Vorbereiten: Podiumsgespräch mit Peter Weibel am Mittwoch; Vortrag von S. am Freitag; Aufenthalt in Paris am Samstag.

Dieser Junge im Supermarkt muß vier oder fünf Jahre alt sein. Er schaut mich an. Ich bin eine Kuriosität, man spürt da eine wirkliche Intensität. Ihn sehen. Und mir vorstellen, ich stünde einem Mann von mehr als 90 Jahren gegenüber!

Erinnerung. Ich gehe die Clayallee hinauf, am Spätnachmittag. An der Kreuzung Garystraße gegenüber dem Bahnhof Oskar-Helene-Heim einem Blick voll blankem Haß begegnet. Was sagen? Ich kann weder ein Gespräch beginnen noch verstehen.

BERLIN, 8. MAI 1999

Europaplatz, Gedränge. Man trampelt auf dem Schatten des Dadaismus herum. Die brotlosen Künstler von einst sind den Touristen gewichen, sogar die jungen mit den verwaschenen Jeans können sich einen Kaffee oder eine Limonade zu überteuerten Preisen leisten. Die *Stachelschweine*, politisches Café, ist rappelvoll. Aber was ist ein politisches Café auf diesem Jahrmarkt für Yuppies? Bettler? Ja, es wird welche geben, doch man muß sie suchen. Um mir was zu beweisen?

Zurück über die Tauentzienstraße und den Kurfürstendamm, den Kudamm, wie er genannt wird. Schicke
Geschäfte, Cafés, Terrassen. Hier wie anderswo hat die
Eleganz ihren Preis, und der ist hoch. An der Kreuzung
zur Fasanenstraße biege ich ab zum Jüdischen Gemein-
dehaus. Das Portal des Haupteingangs gehört einer anderen Epoche an, die Synagoge im byzantinischen Stil,
von Ehenfried Hessel entworfen, 1912 erbaut, in der
Kristallnacht am 9. November 1938 niedergebrannt. Das
neue Ensemble, Gemeinschaftswerk von Dieter Knoblauch und Heinz Heise, wurde 1959 erbaut. Im Inneren
Büros, eine Schule, ein Gebetsraum und ein koscheres
Restaurant. Hinter dem Gebäude das Ziel meines Besu-
ches, ein Garten mit einem Unsagbaren: ein Ort der Erinnerung, ein Gedächtnisort. Ehe ich den Rückweg an-
trete, mache ich Halt in einem Café des Bristol-Hotels.
Reine Koketterie: bei Gelegenheit sagen zu können, daß
ich da gewesen bin.

Dann in den Botanischen Garten. Allein. Und heute
abend Spargelsuppe mit Knoblauch und Zwiebeln, dann
Feldsalat nach Nanteser Art mit einem Ei und schließlich
zwei Tabletten Valeriane. Perfektes Wochenendrezept.

Es ist Mitternacht. Der Lärm der Autos entnervt
mich. Zum Heulen. Das Schlimmste ist ein Vergleich
mit Lissabon vor drei oder vier Jahren. Erzählen Sie mir
doch von Berlin? Wenn es in diesem Viertel so ist, warum nicht anderswo leben? Um gegen meine Schlaflo-

sigkeit anzukämpfen, habe ich mich an meine *lectio sapientiae* des Monats gemacht.

BERLIN, 9. MAI 1999

Zum Bebelplatz, um die St. Hedwigs-Kathedrale und die Friedrichswerdersche Kirche anzuschauen. Die Kathedrale des Erzbistums Berlin ist selbst ein Wunder historischen Widerstandes, eine wahre Feier ihrer festgebauten Mauern. Sie hat mich gleich an ein Buch denken lassen, das ich noch irgendwo habe, eine Geschichte des Steins. Lesen, wenn ich es zur Hand habe.

Dem römischen Pantheon nachgebaut von Georg Wenzeslaus von Knobelsdorff, Bauphasen von 1747 bis 1778; dann von 1886 bis 1887, obwohl sie 1773 geweiht und offiziell für den Gottesdienst eröffnet wurde. Im letzten Krieg zerstört, dauerte der Wiederaufbau ein Jahrzehnt, von 1952 bis 1963. In der Krypta, neben den Gräbern der mächtigen Fürsten einer einst triumphierenden Kirche, das diskrete und schillernde Andenken an einen kaum Bekannten, Bernhard Lichtenberg, Priester und Märtyrer. Erstaunlich, daß Robert Ellsberg ihn nicht in seine hervorragende Sammlung von Heiligen, Propheten und Zeugen unserer Zeit aufgenommen hat (N.Y., CROSSROAD, 1997). Ihn darauf aufmerksam machen?

Friedrichswerdersche Kirche, seit ihrem Wiederaufbau nach dem Zweiten Weltkrieg ein Museum mit dem

27

Namen ihres Architekten, dem berühmten Karl Friedrich Schinkel. Eine ästhetische Neugier trieb mich hin: die Bauart der ersten neugotischen Kirche in Berlin zu sehen, die von 1824 bis 1830 erbaut wurde; und sie mit der Kapelle der Duke University vergleichen, auch neugotisch, aber etwa ein Jahrhundert später entworfen und gebaut. Die Perspektive eines einzigen Schiffes schafft eine Streckung, die der Kirche von Duke mit ihren drei Schiffen fehlt. Beide evozieren den Geist der englischen Universitätskapellen. Gefühl, in Cambridge zu sein.

Nach der Rückkehr Meditation. Gleiten in meiner Vorstellung, von der Stille des arbeitenden Geistes zum Lärm in der Stadt. Dieses Mal der Hl. Benedikt und Sartre als Symbole. Erstaunen, seltsame Bruderschaft. Keiner von beiden war Priester. Benedikt ist ihm ausgewichen, Sartre war stolz auf sein symbolisches Priesteramt. Benedikt hat sein Leben und seine *Regel* entworfen, um eine Distanz zur Welt zu schaffen. Konnte er sich vorstellen, wie er das erreichen würde? Er ist der Schutzheilige Europas. Sartre dagegen hat die Straßen der Welt genommen, um unser aller Zukunft zu ändern.

VIER UHR MORGENS

Mich, der ich mich fast nie an meine Träume erinnere, hat vorhin ein Alptraum aufgeweckt. Starker Eindruck einer Rückkehr vom Weg des Todes. Ich sehe mich wieder, allein, mitten auf einer Straße, die Füße an den Boden geheftet, der Körper starr, der Magen verkrampft. Angstschweiß. Dämmert der Morgen? Der Abend vielleicht? Meine Augen starren auf Skelette in Lumpen. Ihr Kopf ist rasiert, lange Arme hängen an den Körpern herab. Mir sagen: Sie gehen auf mich zu, ich muß von der Straße herunter, und meine Beine nicht bewegen können. Blitzartig habe ich verstanden: Das sind die Juden von dem Denkmal in der Großen Hamburger Straße. Sie kommen näher, scheinen mich nicht zu sehen, ihre toten Augen schauen über mich hinweg. Ich wollte den Kopf abwenden. Umsonst. Verlorene Mühe. Jetzt sind sie zwei oder drei Meter vor mir. Ihre Augen geschliffener Stein. Ich wollte schreien, sie bitten mich zu helfen. Kein Laut. Schweißgebadet bin ich erwacht.

Das war vor dreißig oder vierzig Minuten. Doch habe ich weder Mut noch Lust, wieder schlafen zu gehen, und ich weiß warum. Fabienne Mangeon hatte mir einmal von ihren Akkordeonträumen erzählt. Sie konnte – und wahrscheinlich kann sie es immer noch – aufwachen und also einen Traum unterbrechen, in die Küche gehen und ein Glas Wasser trinken, sich wieder hinlegen und den unterbrochenen Traum weiterträumen. Ich weiß nicht, warum ich derlei Erfahrung fürchte. Es ist viertel nach vier Uhr morgens. Die Skelette der Großen Hamburger Straße nannten einen Tod, mit dem ich mich nicht identifizieren kann. Noch nicht.

Er ist gefristet. Ich habe ihn Statuen erwecken sehen; und diese, lebendige Automaten, gingen kalt und entschlossen auf etwas zu, das ich nicht habe sehen können und daher nicht benennen kann.

Ich werde mich in die Arbeit des anbrechenden Tages versenken. Und versuchen zu vergessen.

BERLIN, 15. MAI 1999

Am Hardenbergplatz 8 in den Zoologischen Garten gegangen und wie ein Automat auf das Aquarium zugesteuert. Sie sind bescheiden, diese Deutschen. Sie halten ihres für das größte in Europa. In Amerika würde man es leicht das größte der Welt oder gleich des Universums nennen.

Ich bin bestimmt über eine Stunde geblieben und habe die Piranhas und nur sie angeschaut. Eine Laune?

Thema: Die Kokospalme schütteln, wie man sagt: *secouer le cocotier.* Heute, etwas mehr als ein Jahrhundert nach der Kongokonferenz in Berlin, ist es leicht, in die Falle rascher Lektüren der Geschichte zu tappen und die Komplexität der gesamten historischen Realität außer Acht zu lassen. Aus Gründen, die absolut respektierenswert und moralisch zu rechtfertigen sind, hat man dazu geneigt, den Geist von Berlin auf ein kriminelles Unterfangen zu reduzieren und im Fall der Intentionen des belgischen Königs auf einen puren Zynismus, der unter dem Mäntelchen der Philanthropie den lebhaftesten Eigeninteressen nachgeht.

Das massive Urteil über die Kolonialgeschichte müßte einer historischen Kritik unterzogen werden, die zugleich strenger und moralisch anspruchsvoller wäre. Zum Beispiel einräumen, daß die Teilnehmer von Anti-Sklaverei-Expeditionen oder die Akteure der Urbarmachung und der Normalisierung des Kongoraums nicht allesamt prinzipienlose Abenteurer waren, noch Psychopathen, die jeden, der sich ihnen in den Weg stellte, töteten oder verstümmelten.

»Der Geist von Berlin« ist letzthin schlicht die Wiederaufnahme des klassischen Paradigmas vom Recht des Stärkeren und, über die ökonomischen Vorteile hinaus, die Neuformulierung der einstigen Pflicht der Nächstenliebe als humanitäres Prinzip.

BERLIN, 21. MAI 1999
Habe auch viel Spaß daran gehabt, einige dieser Slogans aufzuschreiben, die ich in der Werbung von Reiseagenturen gefunden und später zum besten gegeben habe, namentlich in Chiwengo. Was konnte ich den Freunden bieten, die Eindrücke und Bilder aus Deutschland wünschten? Sie hätten besser einen Deutschlehrer an irgendeinem französischen Gymnasium gefragt. Ich hatte für alle Fälle einen hübschen kleinen Vorrat an Banali-

täten im Vorbeigehen aufgesammelt. So etwa eine Synthese für Reisende nach amerikanischer Art, eilig erworben, wie der Geistestourismus es erfordert: In den fünf letzten Jahrhunderten hat der deutsche Intellekt *Die Kritik der reinen Vernunft*, die Psychoanalyse, den Surrealismus und den Sozialismus hervorgebracht. Bloß? Wer wird mich danach fragen? Und dann, abgesehen von Kants Werk, den Rest nur auf deutsche Schultern laden! Der beste Witz: die deutsche Kultur sei ein Skandal an künstlerischer Kreativität. Tatsächlich ist es etwas exzessiv, daß eine einzige Kultur Bach, Beethoven, Brahms, Haydn, Mahler, Schönberg, Mozart, Schubert, die Schumanns, Strauss, Wagner, Weber hervorbringen konnte. Wer sagt's noch besser? Für meine amerikanischen Freunde diesen hier, direkt einer Bahnhofszeitschrift entsprungen: Marlene Dietrich oder eine deutsche Schönheit, vollendet in der Weiblichkeit einer langen amerikanischen Zigarette in einem Hollywood-Studio. Was das Politische angeht, hätte mein Freund Georges folgende Erklärung goutiert: Das Exil des ostdeutschen Liedermachers Wolf Biermann hat ganz allein mehr zur Wiedervereinigung der beiden Deutschland beigetragen als Tausende kerniger politischer Reden.

Doch den einzig wirklich guten, der obendrein wahr ist, habe ich M. gestern beim Essen erzählt. Am Flughafen steige ich in ein Taxi, gebe meine Adresse an. Der Chauffeur scheint mich nicht zu hören. Zweifellos mein

Akzent. Ich lege nach und präzisiere: neben der Botschaft der Vereinigten Staaten, Westberlin! Er hat sich zu mir umgedreht und sehr würdig auf englisch zu mir gesagt: »Es gibt kein West-, es gibt kein Ostberlin, nur Berlin.« Immerhin hatte er endlich meine Adresse verstanden.

PARIS, 25. MAI 1999, ELF UHR ABENDS

Ein anderer Ort sprach zu mir. Ich stimmte zu. Ein Bild hatte sich entfaltet. Ein Besuch zu Beginn meines Aufenthaltes in Berlin. Klosterkirche, Klosterstraße, *Rue du Cloître*. Ich stellte mir eine Reihe von Atmosphären, Schrittarten und Stimmen vor, die diesen Raum einst bevölkert hatten. Generationen von Franziskanern seit der Mitte des 13. Jahrhunderts. Die Protestanten besetzten es und machten eine Schule daraus und eine andere Art Stimme hielt Einzug: Das Raunen der Männer in den braunen Kutten wich nun dem Lärm von Kindern, ihren Freuden, ihren Zänkereien. Einer dieser Bengel wird »der Bismarck« werden. Er wird die Position der höchsten Macht einnehmen, die des Gesetzgebers und universellen Subjekts. Wie die Mönche vor ihm ist er gegangen. Doch sein Name bleibt in den Büchern. Ich sah die Steine einer von der Zeit verwitterten Kirche. Sie haben ihn gekannt. Der Junge von einst, der dort in Berlin in die Erinnerung tritt, ist es derselbe, von dem mein geschwätziger Begleiter spricht?

Berlin. Ein anderes Bild als Symbol, das jedoch in meiner gegenwärtigen Wirklichkeit in weite Ferne gerückt ist. Ein historisches und geistiges a priori kleidet sich in eine Erinnerung, ebenfalls aus Steinen gemacht, ein steingebauter Organismus, den die Zeit gebrochen hat. So die Marienkirche gegenüber dem fast anstößigen Profil eines Fernsehturms. Hier und dort Repräsentationen an den Grenzen zweier Arten von Leben und ihrer Sprachen. Aufwendig und komplementär, benennen sie Gegenpunkte einer Kultur und ihrer Wissensarten. Wer könnte mir versichern, daß das Ereignis der Moderne tatsächlich das steinerne Projekt der Marienkirche und das Mysterium ihrer Macht über »eine Realität« vollendet?

Die banale Evidenz der Tragödie der Grenzen. Heutzutage sind sie tödliche Zeichen. Der Fall des Kongo. Ist es ein Staat, eine Nation, ein Nationalstaat? Sie lassen einen träumen, die Grenzfluktuationen eines seit dem Ende des 19. Jahrhunderts international anerkannten Territoriums, etwas mehr als eine Million Quadratmeter »Wald« und »Steppe« im Becken von Zentralafrika, so murmelte man auf den Fluren der Berliner Konferenz.

Was sagen? Vor allem dies, als offene Fragen: (a) Die Menschen errichten Grenzen. Was würde das Gegenteil bedeuten? Der Tod und die Probleme der Wurzeln, des

34

Ursprungs, des Lokalvorrechts und ihre blutigen Geschwätzigkeiten, worauf laufen sie hinaus? (b) Was bedeutet jegliche Genese gegenüber den Erfindungen soziokultureller Räume? Wer erfindet sie? (c) Unsere Grenzen sind ohne uns verhandelt worden, aufgrund politischer und wirtschaftlicher Zwänge eines Europa der zweiten Hälfte des 19. Jahrhunderts, im »Geist von Berlin« und seiner Egoismen. Sie umreißen den Ort für einen schicksalhaften Start: die Beschleunigung der Geschichte, das Prinzip des demokratischen Geistes, eine mögliche Thematisierung der Universalien durch uns selbst und angesichts unserer vielfachen Geschichten.

Überzeugung: Daß der Kongo als politische Einheit morgen auseinanderfallen wird, läßt mich im Ganzen recht kalt, wenn sein Zerbrechen die Bedingung einer fortschreitenden Konstitution eines größeren Ensembles ist. Man hat den Traum des Scheich Anta Diop von einem föderalen Staat in Afrika verlacht. Zu Unrecht. Ihm fehlte vielleicht in vielen Dingen der Sinn fürs rechte Maß, doch nicht der scharfe Sinn, die gesunde Vision für eine vernünftigere, gangbarere Zukunft der Republiken Schwarzafrikas. Also: Grenzen auf für eine freie Zirkulation von Gütern und Menschen; eine neue Bürgerschaft anstreben, demokratisch und vor allem brüderlich. Utopisch? Und wenn man als erstes mit den Grenzen begönne? Erster Tagesordnungspunkt: Was verlieren wir, wenn wir eine solide Debatte darüber eröffnen? Erfolg – zum Guten oder zum Schlechten – scheint in der Geschichte stets eine Konstante, eine Voraussetzung gehabt zu haben: die Grenzen zu »fressen«.

Gefühl, einen nicht enden wollenden Tag hinter mir zu haben. Ich hatte mir einen ruhigen Abend mit *The Tin Drum* (1990) von Günter Grass erhofft, in der Übersetzung von Ralph Manheim. Auf morgen. Immerhin im Wissen, daß Oskar Matzerath mich erwartet.

PARIS, 26. MAI 1999

Mit Blick auf meine Vorträge endlich *L'Afrique Centrale en Cent Ans* von Paul Salkin (BRUXELLES, ARCHIVES ET MUSÉE DE LITTÉRATURE) gelesen. Warum habe ich damit so lange gewartet? Laurent Monnier hatte mir 1967 in Lovanium davon erzählt, oder vielleicht im ersten Halbjahr 1968. Ich hatte mir vorgenommen, es in Louvain zu lesen. Doch es verschwand aus meinem Blick. Es brauchte Berlin, den physischen Kontakt der Wilhelmstraße und Bismarcks Gespenst, um wieder das Bedürfnis nach seiner Lektüre zu verspüren.

Frappierend an dem Buch, auch wenn es dies vielleicht nicht als Wert von praktischem Gebrauch verstanden wissen wollte, ist seine Anstrengung der kulturellen, technologischen und politischen Akkulturation und Inkultu-

ration. Der Beitrag des Abendlandes wird als eine un-
ausweichliche Gegebenheit dargestellt: Die Gegenwart
eines Nachkommen der Sachsen-Coburg und der Besuch
eines seiner Vettern, eines Hannoveraners, sollten Zeichen historischer Kontinuität sein. Eine Diskontinuität
ergibt sich gleichwohl aus der Afrikanisierung von Er-
rungenschaften der abendländischen Wissenschaft und
Kultur.

BERLIN, 29. MAI 1999

Habe meine Übung wieder aufgenommen, Koinziden-
zen zwischen Fakten und Ereignissen herzustellen, die
einander völlig fremd sind. Nach Variationen gesucht.
Die erste: Welche Beziehung läßt sich stiften zwischen
dem Vertrag von Berlin über die Teilung Afrikas, der
Entdeckung des Tetanus-Bazillus – eine wahre Katastrophe in Afrika – durch den deutschen Arzt Arthur Nico-
laier und dem letzten Pinselstrich, den Auguste Renoir
an seine *Regenschirme* setzte? Die zweite: Welchen
objektiven Bezug herstellen zwischen der Annektierung
des Zulu-Territoriums durch Großbritannien, der literarischen Erschaffung von Sherlock Holmes und der ersten Produktion von Radiowellen durch den deutschen
Physiker Heinrich Hertz? Und schließlich: Ließe sich
behaupten, daß es in der französischen Politik, die zur
Einrichtung des Protektorats an der Elfenbeinküste
führte, ein Zusammenwirken der Einflüsse von Nietz-

sches *Genealogie der Moral* und der Entwicklung der Kodak-Kamera gegeben hat?

Koffer packen, Wohnung putzen. Früh aus Paris zurück: um vier Uhr wach, Taxi um fünf, Flug nach Frankfurt um sechs Uhr; von dort eine Stunde später Abflug nach Berlin. In Paris wie in Frankfurt Verspätung von mindestens einer halben Stunde. Erschöpft bin ich zuhause angekommen. Den Umzug begonnen. Meinen Kollegen Oliver Lubrich angerufen, ihn gebeten, dem Institut meine offizielle Bitte um Entschuldigung zu übermitteln. Wegen meines Pariser Unfalls habe ich meine Pflicht nicht erfüllt. Wie gewohnt ist er verständnisvoll, von einer grenzenlosen Großzügigkeit und äußerst effektiv. Er bietet mir an, mich morgen zum Flughafen zu bringen. Und dann, so beharrt er, müsse ich wiederkommen. Ich verspreche es.

Aus dem Französischen von Esther von der Osten

Die Berliner Quarantäne

Kogito stand auf und zog unter dem Bett den kleinen Metallkoffer hervor. Er wählte aus den Kassetten, die er zur Stütze seines Gedächtnisses neuerdings beschriftete, die mit Gorôs Botschaft heraus, an die er sich gerade erinnert hatte, und streckte hastig seinen Kopf vor. Und als würde ihn der *Schildkäfer*, wie er seinen Kassettenrecorder nannte, schwerfällig, aber hartnäckig drängen, nickte er dann energisch mit dem Kopf und drückte die Wiedergabetaste.

»Es ist immer dasselbe mit dir, auch jetzt wieder, du zappelst, als würdest du dich selbst wie eine Maus in die Falle jagen, allerdings nimmst du die Qualen freiwillig auf dich. Chikashi hat sich auch schon beklagt«, sagte Gorô. »Obwohl dieser Journalist betont, er lese deine Romane nicht, hat er dir wohl wieder ordentlich deine Niedertracht vorgeworfen, nachdem ihm seine jungen Kollegen erzählt haben, du habest ihn darin abgebildet. Er profitiert auch noch davon, daß man dir einen Preis verliehen hat, und kontert mit einem offen verleumderischen Buch. Das geht doch mittlerweile schon fünfzehn Jahre so, oder? Könnte es dir nicht längst egal sein?

In letzter Zeit wirkst du so niedergeschlagen, und auch Chikashi und Akari sind völlig entmutigt. Das kannst du doch nicht gutheißen. Abgesehen davon hat Chikashi einiges durchgemacht. Sollte jemand einwerfen, diese Preisverleihung habe doch auch ihre schönen Seiten gehabt, dann hältst du sicher dagegen, daß solche Erlebnisse im nachhinein zu nichts zusammenschnurrten, die Erfahrung des Leids hingegen noch lange anhalte. Typen, die sich immer nur freuen, wie schön irgend etwas war, sind abnorme Euphoriker oder gänzlich unglückliche Figuren, die sich an solchen Erinnerungen festklammern. Chikashi hat mehr als genug gelitten, aber sie ist deswegen nicht so schwach, daß sie das Glück vergangener Tage zurückholen wollte. Hab ich nicht recht?

Ich habe nachgedacht. Solltest du nicht wegfahren und ein bißchen ausspannen? Seit vielen Jahren führst du nun dieses qualvoll anmutende Schriftstellerleben. Du brauchst mal eine *quarantine*. Du solltest dich von deinen Romanen lösen und eine Zeitlang weggehen… Nur für eine gewisse Zeit, denn wenn du ganz und gar wegginggest, wäre das für Chikashi und Akari auch schwierig. Ich empfehle dir, dich selbst in *quarantine* zu begeben und dich von einem Leben fernzuhalten, das dich tagtäglich mit der hiesigen Presse konfrontiert.«

»Ich verstehe, was du mir mit diesem Begriff nahelegen möchtest«, sagte Kogito mit gedämpfter Stimme, aber um deutliche Artikulation bemüht, nachdem er die Erklärung mitsamt den verschiedenen Bedeutungen im Lexikon gelesen hatte und bevor er die Wiedergabetaste drückte.

»Wäre auch okay, wenn es nicht vierzig Tage sind, oder? Oder wenn es etwas länger wird. Wie wär's mit Berlin, als Hafen, in dem du dich von diesem mittlerweile recht betagten Journalisten fernhalten kannst? Eine Stadt, die mir unvergeßlich ist. Wenn du mich aber fragst, was sie mit deiner Quarantäne zu tun hat, weiß ich darauf keine direkte Antwort…«

»Tatsächlich habe ich eine Anfrage erhalten, ob ich nach Berlin kommen wolle, etwas länger als vierzig Tage«, sagte Kogito. Er nahm das Erstaunen in seiner Stimme wahr – er hatte wohl Chikashis Beschwerde vergessen und zu seinem für die Gespräche mit dem *Schildkäfer* üblichen Tonfall zurückgefunden. »Ich sehe es mir gleich nochmal an, aber soweit ich weiß, steht das Angebot noch.«

Er schaltete den Rekorder ab und ging, um sich den Ordner mit den Unterlagen anzusehen.

Von Kogitos Romanen lagen nach wie vor nur einige Werke aus seinen jungen Jahren in deutscher Übersetzung vor. Zwar waren alle paar Jahre, einmal auch erst nach mehr als zehn Jahren, neue Übersetzungen in Hardcoverausgaben erschienen, die Neuauflagen kamen aber meist als Taschenbuch heraus. Kogito hatte bei

Lesungen auf der Frankfurter Buchmesse und im Literaturhaus in Hamburg und in München die Bücher signiert und so eine beträchtliche Anzahl der schön gestalteten, bunten Taschenbücher verkaufen können. Dann hatte er von der Freien Universität Berlin die Einladung für eine Gastprofessur erhalten, die dem Gedenken des Begründers des Fischer Verlags, Samuel Fischer, gewidmet war. Die Fakultät hatte großzügig angeboten, für die erste Jahreshälfte keinen Vertreter zu bestimmen, wenn er die Professur bis Mitte November antreten könnte.

Bevor er sich wieder ins Bett legte, suchte Kogito das letzte Fax der Sekretärin des zuständigen Verlagslektors heraus und stellte fest, daß die Frist für seine Zusage in drei Tagen ablief. In ihm reifte der Entschluß, auf Gorôs Vorschlag einzugehen. Dieser hatte die Kassetten zwar schon vor einigen Monaten besprochen, aber Kogito brauchte die Quarantäne, wie Gorô sich ausdrückte, jetzt, und zwar, um sich aus seiner Hingabe an den Dialog mit Gorô zu lösen. Trotz Chikashis Klagen war er nicht in der Lage gewesen, den *Schildkäfer* auch nur einen einzigen Abend im Regal stehen zu lassen. Die Quarantäne war ein Tip, den ihm sein Gesprächspartner auf dem *Schildkäfer* gegeben hatte, und in der Eröffnung dieses Weges spürte Kogito unwillkürlich seine von früh an während Abhängigkeit von Gorô.

Er wollte schon rufen: »Aber was wird aus unserem Gespräch mit dem *Schildkäfer*?« Doch dann antwortete er selbst, ohne die Wiedergabetaste zu drücken. Er war sich also bewußt, daß er sich Gorôs folgende Antwort selbst gab:

»Das mußt du selbst entscheiden, oder? Chikashi kritisiert doch nicht so sehr, daß du sie und Akari belästigst, sondern sie verlangt vor allem, daß du dich von deiner Sucht für die Gespräche mit dem *Schildkäfer* befreist, oder?«

Trotzdem konnte er es nicht unterlassen, sich bis zum letzten Tag vor seiner Abreise ins winterliche Berlin, jeden Abend – wenn auch nur leise – mit Gorô zu unterhalten. Chikashi schien das dahingehend zu deuten, daß Kogito mit seinem Vorschlag zur Berliner Quarantäne ihrer Aufforderung umgehend habe nachkommen wollen und auf diese Weise das mit dem *Schildkäfer* geführte Gespräch zu Ende brachte. Daher akzeptierte sie wohl auch stillschweigend sein bis zur Abfahrt etwas leiser fortgesetztes Sprechen.

Eines Morgens, nachdem sie abends zuvor – wie jeden Abend bis kurz vor der Abreise – damit beschäftigt gewesen war, Kogitos Koffer ein- und wieder umzupacken, sagte sie: »Als ich letzte Nacht in einer plötzlichen Anwandlung Gorôs Briefe ordnete, kam ein Aquarell zum Vorschein, das er mir damals aus Berlin geschickt hat. Willst du es mal sehen? Es ist eine Landschaft, auf sehr edlem Papier gemalt. Er hat erst Buntstifte benutzt und ist dann mit einem feuchten Pinsel drüber gegangen, so daß es wie ein Aquarell aussieht. Das Bild strahlt eine ganz glücklich wirkende Heiterkeit aus. Auf der Rückseite steht ›Heute scheint zum ersten Mal seit meiner Ankunft die Sonne‹, und unten in einer Ecke ist seine Unterschrift zu sehen.«

Kogito besah sich die gemalte Landschaft auf dem dicken, weichen und länglichen Sepia-Bogen, dessen Ränder Gorô, typisch für ihn, scharf abgeschnitten hatte.

Im Vordergrund sah man die Stämme hoher Bäume, die in Wipfelnähe ihre Blätter schon abgeworfen hatten, sowie mehrere Äste, deren zarte Spitzen sich zu berühren schienen, alles sorgfältig in Hell- und Dunkeltönen schattiert. Nur die Kletterpflanzen, die die Stämme hinaufkrochen, waren grün. Dazu der tiefblaue Himmel, der zwischen den dünnen Ästen hervorschien und an dem ein paar weiße Wolken schwebten.

»Diese kahlen weißen Stämme mit ihren dürren Zweigen wirken, als seien sie mit wollenem Puppenhaar umhüllt ... es sind europäische Birken, nicht wahr? Sie bekommen im Frühling Blätter, die kleiner als bei den japanischen Birken sind ... Vor dem Fenster meines Arbeitszimmers in Berkeley standen auch welche.«

»Gorô wollte anscheinend den Himmel malen. Er hat wirklich eine schöne Farbe ... Ich glaube, es war während der Berliner Filmfestspiele. Er war ja schon lange von Katsuko getrennt, und in den Kreisen derer, die westliche Filme importierten, stand niemand mehr in persönlichem Kontakt mit ihr. Man kannte zwar einige von Gorôs Filmen, aber zu jener Zeit waren neue Regisseure angesagt, und er muß ziemlich deprimiert gewesen sein. Er schreibt unter anderem, daß der Himmel jeden, aber auch jeden Tag verhangen sei und daß es bereits um vier Uhr nachmittags dunkel werde und daß Berlin im Winter kein Ort sei, an dem man leben könne … Dabei ist die Stimmung, wenn man genau hinsieht, eher fröhlich.

Wahrscheinlich ist er bei seinen Spaziergängen durch die Stadt auf diese Buntstifte gestoßen – eine Maltechnik, die er nicht kannte – und hat sie sofort gekauft. Als er dann zum ersten Mal den blauen Himmel vor seinem Hotelfenster sah, bekam er Lust, ihn zu malen … Und weil er kein Zeichenpapier besaß, hat er das Deckblatt aus dem Programmheft des Filmfestivals oder etwas in der Art herausgeschnitten …

Aber eigentlich ist Gorô nicht der Typ, der allein in seinem Hotelzimmer sitzt und den Blick aus seinem Fenster malt, nicht wahr? Als er damals den Entwurf für das Plakat zeichnete, hat er dich doch per Telegramm aus deiner Pension herbeizitiert, nicht? Er mochte es, wenn du ihm zuschautest … Die junge Frau, die für ihn dolmetschte und ihn betreute und der man, auch wenn sie in seinem Berliner Hotelzimmer war, nichts nachsagen kann, ist eine nette Person, und er hat mir erzählt, daß er in ihrem Beisein ganz ruhig gezeichnet hat. Als das Bild fertig war, wird sie sich, da sie neben ihm stand, wohl kaum zurückgehalten haben können, ihn um das Bild zu bitten, nicht? Er aber schlug ihren Wunsch aus, bevor sie überhaupt fragen konnte: Er könne es ihr zwar nur schwer abschlagen, aber er wolle es seiner über viele Jahre vernachlässigten Schwester schicken, ihre Adresse habe er auswendig im Kopf ... Als ich mich bei ihm bedankte, war er etwas verlegen und erzählte es mir ... Tatsächlich hatte Gorô kein Selbstvertrauen, was seine Bilder anging, und auch wenn er es zuließ, daß sie, mit seinen Texten versehen, gedruckt wurden, mochte er die Bilder als solche niemandem schenken ...«

»Was ist wohl aus den wasserlöslichen Buntstiften geworden? Ich habe kaum jemals derartig schöne Farben gesehen«, fragte Kogito. Er war ganz fasziniert von der nur selten so beredten Chikashi.

»Er hat sie der jungen Frau geschenkt«, sagte er. »Im Koffer hätten sie zuviel Platz eingenommen, und es hätte ihn geärgert, wenn durch die Erschütterung die Minen gebrochen wären. In Deutschland scheinen viele junge Leute nach dem Abitur nicht gleich zu studieren, sondern erst einmal zu arbeiten. Sie hat also gedolmetscht und die jeweiligen Leute auch betreut ... Damals dachte ich, ich hätte auch lieber die Buntstifte als das Bild gehabt, aber jetzt bin ich froh, daß mir das Bild geblieben ist.«

Kogito, dem solch handwerkliche Arbeiten lagen, machte sich eifrig daran, das Aquarell zu rahmen.

In Berlin begannen die Vorlesungen im Rahmen der S.-Fischer-Gastprofessur offiziell am Montag und Mittwoch der folgenden Woche. Der Unterricht dauerte von zwölf bis vierzehn Uhr. Kogito, der am ersten Unterrichtstag von dem deutschen Assistenzprofessor für Vergleichende Literaturwissenschaft an seinem Apartment abgeholt worden war, wurde von diesem darüber aufgeklärt, daß in Berlin die Praxis des akademischen Viertels gelte und daß er eine Viertelstunde später im Unterrichtsraum erscheinen und diesen auch fünfzehn Minuten früher wieder verlassen müsse. Da er also an diesem Tag zu früh im Institut war, schaute er, um die fünfzehn Minuten vor Beginn der Vorlesung nicht im Unterrichtsraum verbringen zu müssen, im Büro vorbei und fand in seinem gerade erst für ihn eingerichteten Postfach einen Brief vor.

Jemand – eine deutsche Studentin – hat mich davon unterricht, daß eine meiner Visitenkarten neulich nach der Veranstaltung auf dem Boden gelegen hat. Ich habe noch nie eine Visitenkarte fallen lassen. Soweit ich mich erinnere, habe ich an jenem Tag in der Universität außer dem Assistenzprofessor nur Ihnen eine Visitenkarte überreicht. Ich deute das gutwillig dahingehend, daß Ihnen dies in Ihrer für einen Schriftsteller typischen Nachlässigkeit unterlaufen ist. Worüber ich mit Ihnen in aller Ruhe sprechen

möchte, ist nicht das »Mädchen für alles«, das ich neu-
lich unvermittelt erwähnte, sondern die Zukunft des
deutschen Films. Ich habe da einen konstruktiven
Vorschlag. Da ich heute Nachmittag nach Hannover
fahre, werde ich diesmal nicht an Ihrem Unterricht
teilnehmen können, aber die Sekretärin im Büro war
so freundlich, mir Ihre Telefonnummer im Wissen-
schaftskolleg zu geben, und so werde ich mich in
nächster Zeit bei Ihnen melden. Ich wünsche Ihnen
viel Erfolg bei Ihrer Vorlesung. Bis dahin verbleibe
ich mit herzlichen Grüßen.

Auch wenn man nicht von einem großen Erfolg sprechen
konnte, ging die Vorlesung, bei der er einen vorher als Kopie verteilten Text auf englisch vortrug und erläuterte –
es mußten zusätzlich zu den vierzig vorbereiteten Kopien
noch weitere angefertigt werden – ohne Probleme zu Ende. Er wollte mit dem Bus nach Hause fahren, den man
ihm genannt hatte, und während er im Dämmerlicht rasch
die Straße entlang lief, kam Kogito das merkwürdig
bildhafte Wort »Minimundharmonika« in den Sinn. Es
rührte unmittelbar von den Gesichtszügen jener Frau
her, und bei genauerem Nachdenken fiel ihm ein, daß er
den Ausdruck von Gorô auf dem *Schildkäfer* gehört hatte.

Das riesige Gebäude, das ein russischer Millionär vor der
Revolution, als es Mode war, sich in Berlin eine Villa zu

bauen, mit aufwendigem Luxus ausgestattet hatte und an dessen Fassade griechisch anmutende Wandgemälde prangten, während runde Säulen vom Balkon im ersten Stock in die Höhe strebten, um das Dach zu stützen, war innen zu Appartements des Wissenschaftskollegs umgebaut worden. Kogitos Wohnung befand sich im zweiten Stock, von dem aus man auf den See blickte. Nach den Weihnachtsfeiertagen und Silvester, als das Knallen der Feuerwerkskörper – es war die Jahrtausendwende – bis tief in die Nacht zu hören gewesen war, fuhr Kogito mit dem Bus zur wieder eröffneten Universität. Er stieg am Hagenplatz, wo er gewöhnlich Lebensmittel und Wein einkaufte, in den Bus, der die Königsallee hinunterfuhr, stieg am Rathenauplatz direkt oberhalb des belebten Kudamms in einen anderen Bus um und erreichte in insgesamt weniger als dreißig Minuten sein Ziel. An diesen Tagen schneite es oft so stark, daß der zugefrorene See morgens mit Schnee bedeckt war, doch gewöhnlich hörte es mittags auf. Der Himmel war dann verhangen, und obwohl sich die Straßen zuweilen in Eisbahnen verwandelten, lief der Verkehr ungehindert weiter.

Am Nachmittag trat Kogito nach dem Seminar und der sogenannten Sprechstunde, in der Studenten mit Fragen zu ihm kamen, in den schon sehr dämmrigen Nachmittag hinaus. Da sprach ihn plötzlich eine Japanerin an, deren Stimme ihm bekannt vorkam. Die Frau, die neben ihm den schmalen, an den Seiten noch verschneiten Weg entlangging, wirkte in ihrem fast bis zu den Knöcheln reichenden Mantel zwar anders, aber er erinnerte sich sofort daran, daß sie ihn zu Anfang seines Aufenthaltes angesprochen hatte, an ihren Ausdruck »Mädchen für alles« und an das Gefühl, sie hielte hinter ihren Lippen eine winzige Mundharmonika versteckt.

»Erlauben Sie mir, daß ich Sie auf Ihrem Rückweg im Bus begleite. Ich weiß allerdings nicht, ob die Zeit überhaupt ausreicht, Ihnen mein Anliegen ganz zu unterbreiten.«

Und ohne Kogitos Antwort abzuwarten, begann sie, während sie so dicht neben ihm ging, daß sich ihre Schultern fast berührten, mit einer irgendwie drohenden beziehungsweise zu vertraulichen Art zu sprechen:

»Sie haben also tatsächlich kein »Mädchen für alles«? Ich habe so oft angerufen und mich zu Ihrem Appartement durchstellen lassen, aber nie nahm jemand ab!«

In Tokyo hatte sich kaum jemand so einseitig an ihn heran gemacht. Doch hier ging Kogito die etwa zehn Minuten vom Seminarraum der in einem Villenviertel gelegenen Freien Universität bis zur Bushaltestelle selten allein. Der Weg führte durch einen Park, flach und weit wie ein trockengelegter See, erst einen Hang hinab und dann wieder hinauf. Entweder hatten Studenten noch Fragen zu seinem Seminar, oder ihn sprachen ein paar in Berlin lebende Japaner an, die unter den Zuhörern waren, sowie ein junger Chinese, der in Berlin lebte und für eine Zeitung in Taipeh schrieb. Hatte Kogito seine instinktive Ablehnung überwunden, schienen ihm diese Gespräche oft auch gar nicht so sinnlos.

Die Frau, die in großen Schritten neben ihm herlief und dabei mit den Füßen den Saum ihres knöchellangen Mantels hochwarf, machte einen ganz anderen Eindruck als an jenem Abend, als sie ihn nach dem Podiumsgespräch angesprochen hatte. Damals hatte sie wie eine ältere Japanerin gewirkt, erschöpft und melancholisch, aber jetzt vermittelte sie den Eindruck einer vitalen, egozentrischen Frau, wie man sie in Berlin öfters zu Gesicht bekam. Auch was sie sagte, entsprach in seiner Aggressivität ihrer äußeren Erscheinung und Gangart.

»Wissen Sie, die Deutschen, die ich kenne, sagen oft, Japaner sprächen zuviel über persönliche Dinge, und dies gelte auch für Vorträge von Schriftstellern und Filmregisseuren. Ich habe das immer bezweifelt, aber Ihre Vorlesung hat mich eines Besseren belehrt. Auch ein Autor wie Sie spricht also hin und wieder über Persönliches.«

»Da mein Englisch, wie Sie wissen, nur schwer zu verstehen ist, habe ich das Manuskript meiner Vorlesung, die ich bereits an einer amerikanischen Universität gehalten habe, in Kopien ausgeteilt. Ich lese es laut vor und mache dazu Ausführungen, wie in Fußnoten. Der Text als Rahmen ist jedoch zu steif, und so flechte ich persönliche Anekdoten ein, um das Gespräch aufzulockern.«

»Heute haben Sie Ihre Rede aus Stockholm vorgetragen. Sie begannen mit einer persönlichen Erinnerung, nicht wahr? Mit der Musik Ihres behinderten Sohnes Akari haben Sie sich dann allgemeineren Problemen zugewandt. Ich war sehr berührt, aber vielen Deutschen war das wahrscheinlich zu privat.«

»Da mögen Sie recht haben.«

Über den Boden der schalenartigen Senke fegte jetzt eine Windböe, die dem Berliner Winter alle Ehre machte, und Kogito hatte das Gefühl, nach der zweistündigen Vorlesung in einer für ihn nicht einfachen Fremdsprache in dem Gefälle zwischen seinem noch erhitzten Kopf und dem immer kälter werdenden Körper zu schweben. Die Frau neben ihm spürte etwas davon und wechselte taktvoll das Thema.

»Sehen Sie da oben die Anhöhe, wo der Schnee liegengeblieben ist, weil niemand dort langgeht ... unterhalb davon führt eine Frau ihren Hund spazieren, nicht wahr? Und der Mann, der sie begleitet, hat sich auf einen großen runden Stein gesetzt, nicht? Dieser Stein soll mit den Gletschern von Norwegen herangeschoben worden und schließlich hier gelandet sein.«

»Dieser eine runde Stein, aus Norwegen?«

»Wahrscheinlich war es nicht nur einer«, gab die Frau zurück.

Als sie zu der Überführung über die Bahngleise hinaufgestiegen waren, sah Kogito in der Ferne den hohen

Bus kommen, aber er konnte unmöglich die Frau plötzlich stehenlassen und losrennen. Nach seiner Sprechstunde gegen vier Uhr fuhr dieser Bus nur alle zwanzig
Minuten. Kogito mußte sich auf ein längeres Gespräch
an der Haltestelle gefaßt machen.

Als der kastenförmige Doppeldecker endlich wie ein
Schiff schaukelnd die Spur wechselte und heranfuhr,
verabschiedete sich Kogito unter dem wolkenverhange-
nen, abendlich anmutenden Himmel – es war zwar erst
kurz nach vier, aber er spürte schon den Abend. Doch
als habe er ihr gegenüber eine Grobheit begangen, zeigte
sich auf dem kleinen, von tiefschwarzem Haar eingehüll-
ten Gesicht der Frau ein Ausdruck des Zurückschreckens.

»Ich habe nicht vor, Sie bis nach Hause zu begleiten.
Aber der Bus fährt bis zum Potsdamer Platz. Wußten Sie
das nicht? Wie kommt es, daß sogar ich mich Ihnen gegenüber wie ein »Mädchen für alles« benehme?«

Frau Azuma-Böme stieg eilig in den Bus und begann, die gewundene steile Treppe in den oberen Stock
hinaufzuklettern. Kogito folgte ihr, und sie setzten sich
nebeneinander ganz vorne rechts in die erste Reihe. Da
Kogito nicht wußte, worüber er mit der Frau sprechen
sollte, nachdem ihre Redseligkeit an der Bushaltestelle
einem intensiven Schweigen gewichen war, wandte er
seinen Blick dem beginnenden abendlichen Treiben der
Lebensmittelläden und anderer Geschäfte zu.

Als sich der Bus dem Rathenauplatz näherte, verabschiedete er sich im Oberdeck, von dem aus man auf den lebhaften Kudamm herabsah, und ging die Treppe hinunter. Mit ihrem für ihr Alter ungewöhnlich tiefschwarzen Kopf nickte Frau Azuma-Böme ihm würdevoll zu, aber Kogito sah, wie um ihre Lippen zwei parallele Linien entstanden, die ohne Zweifel eine kleine Mundharmonika hielten.

Während er die große Straße überquerte und zur nächsten Bushaltestelle ging, sah Kogito zu dem nun schwarzen Winterhimmel hinauf, achtete zugleich auf die Ampel, richtete den Blick dann wieder auf seine Füße und sprach wie mit einem Seufzer zu sich selbst – eine Gewohnheit, in die er immer verfiel, wenn er allein im Ausland lebte:

»So ist das also!«

Auszüge aus dem Roman
Tagame – Tokyo – Berlin.
Aus dem Japanischen von Nora Bierich

Dazzle, der Akademiker

Weh! Weh mir Unglücksel'gem!
WAGNER, *Tannhäuser*

Als nicht mehr ganz junger Mischlingsrüde, der gerade mal knapp drei Wochen die Hundeschule absolviert hatte, war Dazzle schon einigermaßen überrascht, als von der Freien Universität Berlin die Einladung zur Samuel-Fischer-Gastprofessur kam.

»Nehmen Sie es mir nicht übel, wenn ich das so geradeheraus sage, Herr Dazzle«, gestand Dr. Krantzbaum, als er anrief, um alles für die Begrüßungsveranstaltung abzusprechen, »aber Sie waren nicht unsere erste Wahl. Sie können sich gar nicht vorstellen, wie schwierig es ist, heutzutage einen anständigen Dozenten für Posthumanistische Studien zu finden. Doch als Oskar der Pavian in letzter Minute absagte, suchten wir nach dem rettenden Strohhalm. Wir kontaktierten alles, was an Katzen, Singvögeln, Tanzbären, Pinguinen und Dickhäutern beiderlei Geschlechts international Rang und Namen hat, selbst einen Raben, der früher viel von sich reden machte, aber bei allen war der Terminkalender bis ins nächste Jahrzehnt gefüllt. Und als wir schon fast die Hoffnung aufgegeben hatten, erzählte uns jemand von Ihnen –

davon, wie Sie mit eiserner Schnauze gegen die Vorherrschaft und die Machtansprüche des Homo sapiens vorgehen. Und als dann noch der Filmdeal kam, mein Gott, da haben wir die Ohren gespitzt. Verraten Sie es uns, Herr Dazzle. Ist es wirklich wahr, daß Sean Penn die Titelrolle in der Verfilmung Ihrer Lebensgeschichte spielen soll? Da könnten Sie es, wenn er nicht zu beschäftigt ist, vielleicht sogar einrichten, daß er zu einem Gastauftritt in Ihrem Kursus vorbeikommt.«

Zwar hatte Dazzle schon seit ungefähr zwei Wochen immer wieder über die Einladung nachgedacht, doch in die Nähe einer Entscheidung kam er erst jetzt, wo er Dr. Krantzbaums sonore, sachliche Stimme aus dem Telefonhörer vernahm.

»Die Versuchung ist groß«, sagte Dazzle, der am Schreibtisch seines Anwalts in einem wuchtigen Lederdrehstuhl saß. »Wirklich groß. Schon so lange träume ich von fremden Ländern, anderen Kulturen und so weiter, und ich werde ja weiß Gott auch nicht jünger. Andererseits muß ich schon sagen, daß der Gedanke an eine öffentliche Vorlesung mich schreckt, und ich bin zwar immer ein redseliger Bursche gewesen, aber wenn jetzt, na ja, wenn die Leute jetzt *zuhören*, das macht mich doch ein bißchen beklommen. Ich will ja nicht, daß Sie alle von mir enttäuscht sind. Gerade wo Sie mir auch noch eine hübsche Wohnung am Rüdesheimer Platz anbieten, von der Bezahlung gar nicht zu reden.«

Die Atlantikverbindung war so hell und klar wie ein kühles Glas Wasser.

»Ach, machen Sie sich da mal keine Sorgen, alter Junge. Wieso sollten denn unsere Studenten von einem großen, freundlichen Hund wie Ihnen enttäuscht sein? Wir sind allesamt Hundeliebhaber hier in Berlin, Herr Dazzle. Wir sind begeistert von großen zottigen Hunden wie Ihnen.«

Dazzle war allein in der Kanzlei, blickte hinauf zu den endlosen Reihen ledergebundener Gesetzestexte, die, hatte er den Eindruck, ihrerseits zu ihm herunterstarrten. Man verdient ein paar Dollars, ging es Dazzle durch den Kopf, verkauft ein paar kleine Stücke von sich, und schon kann man nicht mal mehr einen Spaziergang im Grünen machen, ohne daß einer etwas von einem will. Immer ist noch irgendwas zu unterschreiben oder ein Anruf entgegenzunehmen.

»Herr Dazzle? Sind Sie noch da?«

Aber man muß auch sagen, daß man manche Teile von sich leichter verkaufen kann als andere.

»Ich bin noch da, Dr. Krantzbaum, aber mir ist da noch etwas eingefallen. Ich sollte mich ja schämen, aber ich spreche kein einziges Wort deutsch. Das könnte schwierig werden, wo ich doch Vorlesungen halten soll und so weiter.«

Vom anderen Ende der Leitung kam ein langer, glücklicher Seufzer.

»Ach mein Freund, mein Hund! Machen Sie sich keine Gedanken um so eine Kleinigkeit. Unsere Studenten sind sehr intelligent und arbeiten hart, und Sie werden bald feststellen, ihr Hündisch ist ausgezeichnet. Viele davon sprechen es besser als ich.«

Dazzles Antrittsvorlesung fand im Auditorium des Instituts für Allgemeine und Vergleichende Literaturwissenschaft statt, einem niedrigen, mit Aluminium verkleideten Bau, der wie ein Wohnwagen zwischen duftenden Bäumen und Büschen stand.

»Ich will gleich zu Anfang klarstellen, daß ich kein ausgebildeter Akademiker bin. Man, als unsereiner ein Welpe war, da konnte man froh sein, wenn man das Auf-den-Rücken-Rollen und das Totstellen lernte, und schon das hat mancherlei Kontroversen mit meiner ersten (und einzigen) Menschenfamilie nach sich gezogen, den Davenports. Nein, ich bin eher das, was man einen Autodidakten nennen könnte, was wohl auch die Erklärung dafür ist, daß ich so meine Schwierigkeiten mit den etablierten Strukturen habe und so weiter. Mit Staatsmännern zum Beispiel. Oder Filmen, Zeitungen, dem Internet oder, na ja, das soll nicht unfreundlich klingen, akademischen Gestalten wie euch. Ich glaube einfach an nichts, was ich nicht selber sehen, hören, schmecken und beschnüffeln kann. Was nicht heißen soll, daß ich mich allen anderen überlegen fühle. Es kommt nur einfach nie jemand, bei dem ich das Gefühl habe, daß er besser ist als ich – wenn Sie verstehen, was ich meine.«

Wahrscheinlich hatte Dazzle in seinem ganzen Leben noch keine so attraktive Gruppe von Menschen gesehen, gut gekleidet, gut genährt, und alle lauschten sie gebannt. Aber irgendwie kam es ihm nicht richtig vor. All diese schönen jungen Leute, die so höflich auf ihren harten Klappstühlen saßen und ihre beachtliche Konzentration auf *ihn* vergeudeten.

»Was ich wohl sagen will, ist, daß ich an ehrliche Reklame glaube, und wenn ich wirklich ehrlich sein soll, dann habe ich, glaube ich, nichts, was ich Ihnen beibringen könnte, außer natürlich, daß ich Ihnen erzählen kann, wie es ist, als Hund unter Menschen zu leben. Ich hoffe nur, es ist nicht zu langweilig und hält Sie nicht zu sehr von den zweifellos hochinteressanten Sachen ab, mit denen Sie sich in anderen Kursen beschäftigen. Das ist vielleicht der Punkt, an dem ich Sie ermuntern sollte, Fragen zu stellen. Und wenn keine Fragen mehr sind, dann können wir alle nach Hause gehen.«

Dazzle kletterte schon von seinem unbequemen Platz auf der Kante eines modernen Holztisches herab, als er sah, wie eine Hand sich hob. Die junge Frau, die zu dieser Hand gehörte, war so schön und wohlgerundet, daß sie einen Hund von anderen Hunden abbringen konnte.

»Ich bin Agatha Meineke, Herr Professor Dazzle, und ich wollte fragen –«

»Bitte. Nennen Sie mich einfach nur Dazzle.«

Sie errötete. »Ich wollte fragen, was mit Hunden in Amerika geschieht, wenn sie sich weigern, sich auf den Rücken zu rollen und sich tot zu stellen?«

Sie kläffte und jaulte mit einem merkwürdigen Akzent, aber fast fehlerfrei.

»Dann füttert sie keiner«, erklärte Dazzle einfach nur. »Dann liebt sie keiner. Sie kommen in Konzentrationslager. Und wenn sie es schaffen und sich unter dem Zaun hindurchbuddeln können, dann sind sie für den Rest ihres Lebens Ausgestoßene, immer unterwegs von einer Mülltonne zur nächsten. Die, die Glück haben, so wie ich, schaffen es in die Wälder, das ist ein gutes Leben. Aber die meisten haben kein Glück. Der Hundefänger schnappt sie. Sie kommen unter die Räder.«

Drei weitere Hände hoben sich. Vier. Fünf.

»Ist das ein wirklich repräsentatives Bild, das sie da vom hündischen Leben in Amerika geben?« fragte ein junger Mann mit den weichen Lauten des Skandinaviers. »Viele von uns haben nach Ihren höchst unterhaltsamen Fernsehserien einen ganz anderen Eindruck. Dort sieht man kluge und geistreiche Hunde, die von allen geliebt werden. Milliardäre vermachen ihnen ihre Häuser. Sie leben wie die Könige in Saus und Braus.«

Ist das nicht süß? dachte Dazzle. Ein dänischer Junge, der glaubt, was er im amerikanischen Fernsehen sieht.

»Das Fernsehen«, antwortete Dazzle, »malt uns eine Traumwelt aus. Wenn es wahr wäre, was wir da sehen, wieso gäbe es dann so viele Werbeunterbrechungen?«

»Sie wollen sagen, im Land der Freiheit gibt es diese Freiheit nicht für alle?«

»Nur für die, die zahlen können.«

Ein Raunen lief durch den Seminarraum, Leute sahen sich an. Ganz hinten hob sich eine weitere Hand. Und als sei das ein Zeichen, kehrte wieder Stille ein.

»Ja. Sie da hinten.«

Wie aus einer einzigen Kehle stießen seine Hörer einen Seufzer aus. Ein paar rollten sogar mit den Augen.

»Heinrich Mandelbrot«, stellte der junge Mann sich vor. Er war ganz in Schwarz: schwarzer Rollkragenpullover, schwarze Jeans, schwarze Slipper. »Theorie der Philosophie.«

»Was haben Sie auf dem Herzen, Heinrich?«

Heinrich nahm Dazzle mit riesigen Pupillen fest ins Visier.

»Sie verstehen sich als Empiriker. Sehen Sie sich dabei als Vertreter der logischen oder eher der moralischen Empirie? Und würden Sie nicht sagen, daß im Licht jüngster Erkenntnisse zur Konstitution des Öffentlichen –«

»Oh, Shit, Heinrich, ich glaube, von sowas habe ich keine Ahnung.«

»Bitte lassen Sie mich ausreden. Wie können Sie an das glauben, was Sie erfahren, wenn Ihnen die intellektuelle, moralische, politische Grundlage fehlt, weil Sie nicht einmal wissen, wer oder was Sie sind? Ich spreche natürlich von der metalinguistischen Ebene.«

»Ah«, sagte Dazzle mit einem langsamen, wissenden Kopfnicken. Er fühlte sich ein wenig benommen und außer Atem. »Metalinguistik, das ist etwas anderes. Sie meinen, wie ich überhaupt wissen kann, ob ich außerhalb meines Kopfes existiere, solche Sachen?«

Die ganze Zuhörerschaft sackte ein wenig zusammen, als ob im selben Moment aus ihren sämtlichen Reifen die Luft gelassen würde.

»Nein, Herr Dazzle, ich bitte nur um eine kritische Selbsteinschätzung in den Begriffen eines postdescartischen Diskurses. Sie haben gewiß Habermas gelesen. Sie wissen, was die Frankfurter Schule zu diesen Fragen sagt.«

Nun war Dazzle nicht gänzlich unbewandert in deutscher Nachkriegsphilosophie. Als junger Hund hatte er alles gelesen, was ihm an Büchern unter die Pfoten kam, und hatte sich sogar dann und wann in einen College-Hörsaal geschmuggelt. Aber jetzt schien ihm das alles weit fort. Und wenn er an all die gutmütigen deutschen Emigranten zurückdachte, wie sie durch die Straßen von Santa Monica geschlurft waren, kam er sich selbst irgendwie fremd und verloren vor.

Manchmal kommt es ja gar nicht darauf an, *was* man sagt, dachte er bei sich. Was zählt, ist, *daß* man etwas sagt, und zwar in exakt dem Augenblick, in dem jemand es von einem erwartet.

»Bitte um Verzeihung, Heinrich. Ich bin ja nicht gerade ein systematischer Denker. Aber vielleicht kann ich Ihre Frage tatsächlich beantworten, allerdings nur mit einer Gegenfrage.«

Es war, als gingen sämtliche Lichter in einem dunklen Zimmer an. Ein ganzer Saal voller hochattraktiver junger Leute blickte mit einem Ausdruck zu ihm auf, den Dazzle nicht oft in Menschengesichtern sah.

Hoffnung?

»Und die Gegenfrage lautet: Meinen Sie nicht, es ist Zeit, daß Sie und Ihre Freunde mir zeigen, wo es dieses Weißbier und Sauerkraut gibt, von dem ich schon soviel gehört habe? Wir haben doch noch das ganze Semester lang Zeit, uns Gedanken über Epistemologie zu machen, und nach fünfzehn Stunden Gepäckklasse im Bauch eines Jumbos – he, da habe ich überhaupt keine Hemmungen, das zuzugeben. Was Sie hier vor sich haben, ist ein *sehr* hungriger Hund.«

Von jenem Tage an sagte Dazzle gern, daß die Berliner ihm aus der Hand fraßen. Schließlich gab es niemanden, der soviel Spaß an auf den Kopf gestellten Metaphern hatte wie Dazzle.

»Als ich im Bezirk Tiergarten mein erstes Hunde-
klo sah«, erklärte Dazzle den Zuhörern bei einer seiner
typischen ziellosen, unvorbereiteten Vorlesungen, »traute ich meinen Augen nicht. Das war keiner von den
Müllplätzen, wie man sie in den Staaten hat, nicht übersät mit Glasscherben und Spritzen und was weiß ich
allem, und auch nicht in der schlechtesten Gegend der
Stadt. Es waren tatsächlich Blumenrabatten da und eine
kleine Tränke für die Hunde, der reine Luxus. Ich will
nicht behaupten, daß hier in Berlin alles perfekt ist,
ganz und gar nicht. Aber im Unterschied zu den Staaten
gibt es doch hier noch so etwas wie öffentliches Leben.
Parks, Spielplätze, Bahnen und Busse, Gesundheits-
wesen – und es *funktioniert*. Wer hätte das gedacht?«

Dazzle wußte, daß sein Seminar nicht gerade akademischen Standards entsprach. Er plapperte einfach vor
sich hin, zu jedem Thema, das ihm gerade in den Sinn
kam. Trotzdem dankten die Studenten ihm immer für
die Zeit und Geduld, die er opferte; die hübscheren Mädchen kraulten ihm sogar ganz ungehemmt die Ohren
und flüsterten ihm Zärtlichkeiten zu (»Was für ein bra-
ver großer Hund!«), auch während der Sprechstunde,
wenn die Bürotür offenstand; und die Mahlzeiten in der
Mensa schmeckten erstaunlich gut, obwohl anscheinend
noch nie jemand in diesem großen und noch nicht ganz
zusammengebrochenen Reich von frischem Gemüse
gehört hatte.

Im Grunde war es nur Heinrich, der Dazzle immer wieder daran erinnerte, daß er seine akademischen Pflichten vernachlässigte. Manchmal machte er ihm sogar ein richtig schlechtes Gewissen deswegen.

»Herr Professor Dazzle! Haben Sie einen Moment Zeit?«

»Nennen Sie mich doch einfach Dazzle. Oder Namein-Kleiner. Alle in den Staaten sagen »Na, mein Kleiner«, da können Sie das auch.«

»Ich will Ihnen nicht zur Last fallen, Herr Professor. Aber ich denke über unsere Diskussion von gestern nach, und mir ist immer noch nicht klar, was Sie sagen wollten. Lassen Sie uns also noch einmal, wie Sie gestern sagten, vorstellen, daß Ihr Hundebewußtsein ein Goldfisch in einem Goldfischglas ist. Ist das akzeptabel?«

»Sicher, Heinrich; das überlasse ich ganz Ihnen. Aber Sie wissen ja, ich habe immer meine Mühen mit abstrakten Spekulationen. Mit Ideen über Ideen. Ideen.«

»Im Inneren dieses Goldfischglases fühlen Sie sich pudelwohl. Sie haben Ihren Kies, Ihre Keramikburg, die Luftversorgung blubbert, selbst Ihr Spiegelbild blickt Ihnen freundlich aus dem Mineralglas entgegen.«

»Ich glaube, ich verstehe, Heinrich. Es gibt nichts außer dem Goldfischglas. Das ist mein Reich.«

»Aber *jenseits* dieses Glases sieht alles seltsam anders aus. Raum, Masse, Tiefe. Große, nur undeutlich zu erkennende Gestalten kommen vorbei, Licht und Schatten. Manchmal betrachten die Gestalten den Fisch im Glas, aber die meiste Zeit nicht.«

»Es geht nicht um Ontologie, oder, Heinrich? Nicht darum, was wir von dieser Welt wissen können und wie real sie ist. Es geht um simple Kommunikation, nicht wahr? Sie sprechen mit mir, ich spreche mit Ihnen.«

»Da fällt mir eine faszinierende Anekdote zu Goethe und Schiller ein. Sie debattierten, wenn ich es recht im Gedächtnis habe, über den Unterschied zwischen Erfahrung und Ideen –«

»Goethe und Schiller«, sagte Dazzle bedächtig. Endlich sah er den U-Bahn-Eingang, dem die Menschenmengen zuströmten. Männer und Frauen mittleren Alters in gedämpften Primärfarben; Studenten in Rucksack und Jeans. Er spürte, wie er an Tempo zulegte. »Ich freue mich immer, wenn ich mich mit Ihnen unterhalten kann, Heinrich, aber jetzt muß ich zum Zug.«

»Formbewußtsein«, schnappte Heinrich. »Das ist doch ein Konzept, das Ihnen vertraut ist, Herr Professor, Ihnen als international anerkannter Koryphäe.«

»Form-be-wußt-sein«, sprach Dazzle ihm unter Mühen nach. Diese Deutschen hatten wirklich eine Schwäche fürs Abstrakte, das mußte man sagen. »Kommen Sie doch vor der nächsten Sitzung in mein Büro. Ich verspreche auch, diesmal komme ich rechtzeitig, nicht wie, na ja, die letzten paar Male.«

Es war das erste Mal seit Jahren, daß Dazzle jemanden belog. Und das Merkwürdige daran war, daß er überhaupt kein schlechtes Gewissen hatte.

»Die traurige Wahrheit ist«, meinte Dr. Krantzbaum bei einem gemütlichen Mittagessen unter Kollegen im Café Einstein, »daß keiner gern im selben Goldfischglas mit dem armen Heinrich schwimmt. Selbst für uns Deutsche hat Heinrich zuviel Sturm und Drang. Zuviel Ding an sich, zuviel Waldeinsamkeit und blaue Blume und ganz eindeutig zuviel Wagner. Vielleicht haben Sie es noch nicht bemerkt, mein lieber Hund, aber in unserem Deutschland von heute geht es ein gutes Stück munterer zu als früher. Nichts mehr von der alten Schwermut. Wir haben die Führung in der EG übernommen, und unsere Volksseele ist offen für Super Mario und American Pie. Selbst unsere Sprache ist jetzt so hip und cool wie bei euch in Kalifornien, wir sagen *go with the flow*, wir sagen *tell me about it* und *let's get it on*. Wenn ich all die Wandlungen, die wir heute durchmachen, auf den Begriff bringen sollte, dann würde ich sagen: Deutschland heute, das ist weit weniger Goethe und dafür mehr *Friends*. Sie wissen schon, diese leichtlebige, überkandidelte, immer nur mit ihren Beziehungen untereinander beschäftigte Gesellschaft von jungen Leuten, die mit ihrer Serie fast jeden Tag unser ansonsten so biederes Fernsehprogramm belebt.« Dr. Krantzbaum lehnte sich zurück und blickte empor zur strahlend vom Kronleuchter erhellten Decke, seine Stimme plötzlich gedämpft und ehrfurchtsvoll. »Und *das* nenne ich eine Isolde! Mein lieber Hund! Diese schwarzäugige mit der spitzen Zunge, die vor ein paar Jahren Brad Pitt den Kopf verdrehte. Das wäre *mein* unerreichbares Absolutes, mein transzendentaler Traum.«

Dazzle mochte das Café Einstein, wo sie den fruchtigen Rotwein in den langstieligen Gläsern immer wieder nachgossen. Er mochte die gestärkten weißen Damasttischdecken, die goldgerahmten Spiegel, die uralten Männer in Begleitung ihrer noch längst nicht so alten, blond gefärbten und stets mit zuviel Schmuck behängten zweiten Frauen.

»Ich will ja nicht sagen, daß ich Heinrich nicht mag«, erklärte Dazzle abwesend, denn er studierte die handgeschriebene Speisekarte mit kaum verhohlener Ratlosigkeit. (Schweinefleisch Kalbfleisch Rindfleisch Rindfleisch Lamm Schweinefleisch Schweinefleisch Huhn und Fisch.) »Aber seinetwegen komme ich mir wie ein Hochstapler vor. Stunde um Stunde taucht er mit so vielen wohlformulierten, sorgfältig vorbereiteten Fragen auf, Fragen über die Wahrheit der Wahrnehmung und die Wirklichkeit der Wirklichkeit und all diese Sachen, und ich sitze da und soll doch eigentlich der Lehrer sein und weiß absolut nichts, was ich ihm darauf antworten kann. Ich blicke Heinrich an, ich blicke die Uhr an der

Wand an, und ich weiß einfach nicht, was ich tun soll, damit er nicht immer weiterfragt. Gestern zum Beispiel – was war es doch gleich, womit Heinrich mir gestern zugesetzt hat? Etwas darüber, daß es in der Natur ein Übermaß an Empfindung gibt. Nach Heinrichs Auffassung schwirrt die Natur so vor möglichen Empfindungen, aber unsere erbärmlichen fünf Sinne sind nicht in der Lage sie wahrzunehmen. Heinrich nennt es Realitätsdefizit, und bei ihm klingt es wie eine Krankheit; das ist der Grund dafür, warum wir im Leben ständig das Gefühl haben, daß wir nicht gut genug sind und daß wir zu kurz kommen.«

Dr. Krantzbaum blickte bereits versonnen auf den Grund seines Burgunderglases. Einen Augenblick lang überlegte Dazzle, ob sein geschätzter Kollege wohl unter Dazzle genauso litt wie Dazzle unter Heinrich.

Schließlich antwortete Dr. Krantzbaum sanft: »Nicht gut genug, jawohl, bei jeder Isolde neu. Und jetzt, wenn Sie nichts dagegen haben, werde ich mir einen Schweinebraten mit Püree und Soße bestellen und mich damit von diesem selbstgefälligen Grinsen ablenken, das ich tagein, tagaus vor mir sehe. Sie wissen schon, von diesem Schauspieler, diesem Brad Pitt.«

Dr. Krantzbaum erzählte, daß Heinrichs Mutter aus einer Bauernfamilie stamme. Sie habe in ihrem heimischen Tabruk Töpferwaren verkauft und sei von Heinrichs bayerischem Vater *en route* zu einem internationalen Paragliding-Wettbewerb auf den griechischen Inseln geschwängert worden; wie Ikarus habe der Vater sich von den Klippen geschwungen und sei genauso unsanft zu Boden gekommen. So wuchs Heinrich heran und sah in Deutschland weit mehr als ein metaphorisches und stets abwesendes Vaterland; es war für ihn das Ziel all seiner Träume, das Ich, dem alles Streben seines übergroßen Herzens galt. Er las deutsche Poesie, hörte deutsche Opern auf seinem Walkman, las deutsches Feuilleton und spielte sich Fassbinder auf dem Videorecorder vor, bis er jede stockende Dialogzeile und jeden schwankenden Kameraschwenk auswendig kannte. Schließlich konnte er mit einem DAAD-Stipendium deutsche Schulen besuchen, und im dritten Jahr auf dem Gymnasium seines verstorbenen Papas erhielt er viel Anerkennung für seine Hausarbeit *Hegel, Kant, Marx und Adorno: Wann ist zuviel noch nicht genug?* Mit dem Stipendium, das er damit errang, machte er mit siebzehn sein Abitur in Frankfurt; den Deutschaufsatz schrieb er über Ossian.

Gleich zu Beginn des Studiums an der FU hatte er mit der Arbeit an seiner Dissertation begonnen, aber bisher noch kein einziges Kapitel zu Ende gebracht. Das hatte ihn allerdings nicht davon abgehalten, so viele Projekte für sein Lebenswerk zu skizzieren, daß seine Professoren Alpträume davon bekamen.

»Ich sammle Materialien für eine Trilogie über die Sinnlosigkeit des Wissens«, erklärte Heinrich atemlos, als er und Dazzle wieder einmal auf dem Marathonmarsch zur U-Bahn-Station waren und Dazzle ebenso atemlos versuchte, ihn abzuhängen. »Dann ist da noch meine Geschichte des preußischen Absolutismus, meine Kritik an Benjamins radikaler Entpersönlichung des Geistes, ein Essay über die Aporie der Essayistik, und natürlich meine groß angelegte, radikal neu systematisierte Geschichte der deutschen Philosophie seit Leibniz, die mindestens zwanzig Bände umfassen dürfte, was wiederum eine gute Vorbereitung für das ist, was ich mir als mein Lebenswerk vorgenommen habe: die DNS Gottes durch die Prosa und Dichtung jedes Hypertexts des Internets zu verfolgen. Was halten Sie davon als Lebensaufgabe, Herr Dazzle? Es klingt vielleicht zu ehrgeizig, aber inzwischen kennen Sie mich ja gut genug. Wenn es eines gibt, wovor ich mich nicht fürchte, dann ist es Übermaß.«

Wenn man mit Heinrich unterwegs war, das war, als wolle man einen Wettlauf gegen die eigenen Obsessionen gewinnen. Ganz gleich, wie schnell man lief, sie waren einem immer um ein paar Schritte voraus.

»Fühlen Sie sich eigentlich nie einsam, Heinrich?« fragte Dazzle, als sie sich einmal erschöpft auf einer schattigen Bank an einer Bushaltestelle niederließen. »Haben Sie nie das Gefühl, daß Sie zu oft allein im Bett liegen?«

»Die deutschen Frauen fürchten sich vor Bindungen«, erwiderte Heinrich mürrisch, mit bebenden Nasenflügeln. »Gerade wenn es Bindungen mit Heinrich sind.«

»Und Film oder Fernsehen, Heinrich? Womöglich sogar ein Gameboy? Einfach nur etwas, was Ihren Verstand mal von sich selbst ablenkt.«

»Im deutschen Fernsehen dreht sich alles nur um die absurden, entsetzlichen Traumata des bürgerlichen Lebens. Und das amerikanische kann man vergessen. Träume vom Wohlstand, vierundzwanzig Stunden am Tag. Und Sie wissen ja, Herr Dazzle – ich falle auf solche Träume nicht herein.«

»Wie wäre es dann mit einer guten Sache, Heinrich? Arbeit mit Kindern zum Beispiel oder Umweltschutz. Sie können doch nicht Ihr ganzes Leben mit Gedanken an den Liebestod verbringen. Gerade wenn Sie nicht mal ein Mädchen finden, das mit Ihnen ausgehen will.«

»Heinrich hat keine Mühe, Mädchen zu finden.«

»Gut, dann eben Mädchen, die ein zweites Mal mit Ihnen ausgehen wollen.«

»Der Liebesakt ist der Tod der Sehnsucht.«

»Aber er schafft einen klaren Kopf, Heinrich. Dann denken Sie nicht mehr dauernd an Dinge, die Sie nicht ändern können. An - na, zum Beispiel an sich.«

»Heinrich weigert sich, die Augen vor dem zu verschließen, was man im heutigen Deutschland nicht mehr sehen will. Der Welt des Liebesschmerzes, der Unendlichkeit des Spirituellen, der Einsamkeit.«

»Tristan und Isolde.«

»Woher wissen Sie denn von Tristan und Isolde?«

»Ich bin vielleicht ein Hund, Heinrich«, antwortete Dazzle, »aber Tristan und Isolde, die kennt jeder.«

Wenn es darum ging, die Komplexität der menschlichen Natur zu entschlüsseln, waren Dazzles Fähigkeiten begrenzt. Aber manchmal, dachte er, muß man es doch wenigstens versuchen. Selbst wenn man eigentlich keine Ahnung hat, was überhaupt vorgeht.

»Heinrich ist ein attraktiver Mann«, gab Agatha zu, an dem Nachmittag, an dem Dazzle sie zu einem informellen Gespräch in sein Büro bat. »Er hat eine leidenschaftliche Intelligenz, das steht fest, und das findet ein Mädchen in unserem neuen, besseren Deutschland nicht mehr oft. Aber es ist nicht leicht, mit ihm auszugehen, gerade wenn er so richtig auf Touren kommt. Man macht eine endlose Busfahrt, auf der er ununterbrochen von Hegel redet, und landet in einem schummrigen Lokal, wo die Kellnerin in Gummihandschuhen kommt und sich gar nicht die Mühe macht zu verbergen, daß sie ihn widerwärtig findet. Und wenn man dann mal auf ein anderes Thema zu sprechen kommen will – Sachen, die man noch nie jemandem gestanden hat, zum Beispiel seinen Traum, Siegerin im Eurovisions-Wettbewerb zu werden, oder die neueste Folge von *Friends* –, macht er nur ein finsteres Gesicht, so als hätte man ihm gerade die heißen Nudeln übergeschüttet. Er deklamiert Nietzsche oder Hölderlin und wettert gegen die Geistlosigkeit unserer heutigen Kultur. Binnen kurzem ist es dann nichts mehr weiter als Bourgeoisie hier und Bourgeoisie da, und er sieht einen nicht mal mehr an und merkt überhaupt nicht, wieviel Mühe man sich mit der Frisur gemacht hat. Einmal war ich so enttäuscht, ich habe geweint, bis die Tränen auf meine Bratwurst tropften. Und hat er es gemerkt? Er hat einfach weitergeredet. Aber um auf Ihre Frage zurückzukommen, ich könnte mir sogar vorstellen, mit Heinrich ins Bett zu gehen oder womöglich händchenhaltend mit ihm zu Ihrem groß angekündigten Vortrag am Humanistischen Institut nächste Woche zu kommen. Aber ich kann mir *nicht* vorstellen, daß ich das tue, bevor er gelernt hat, mal für zwei Minuten seinen blöden Mund zu halten.«

Agatha saß mit Dazzle auf dem geschwungenen, abgewetzten Sofa in seinem Büro und kraulte ihm gedankenverloren den Rücken. Es war, ging es Dazzle durch den Kopf, vermutlich keine Situation, in der sich ein Professor mit seiner hübschesten Studentin erwischen lassen sollte, nicht einmal in Europa. Aber was soll's, dachte er dann. Das hilft mir beim Denken.

»Sie sagen also, Sie mögen Heinrich durchaus, Agatha. Aber nur wenn er Ihnen nicht erzählt, wer er in

Wirklichkeit ist und was ihn wirklich beschäftigt. Das wäre, kurz zusammengefaßt, das, was Sie meinen?«

Darüber dachte Agatha einen Moment lang nach.

«Ja, ich glaube schon, Herr Dazzle. Finden Sie mich jetzt oberflächlich?«

Dazzle hätte beinahe gelacht.

«Nein, Agatha, ich finde Sie überhaupt nicht oberflächlich. Schon gar nicht, wenn es um Heinrich geht.«

Und das war der Augenblick, in dem Dazzle (aus heiterem Himmel) aufging, daß er womöglich tatsächlich etwas hatte, was er seinen Studenten beibringen konnte.

»Ich finde, ich bin wie dieser Komiker, dieser flippige Typ, der manchmal einen ziemlichen Scheiß daherredet. Joey. Meinen Sie nicht auch, Herr Doktor, daß ich wie Joey bin? Ich komme mir jedenfalls vor wie Joey – jetzt wo ich allmählich den Draht zu ihm kriege.«

Es war wirklich unglaublich, dachte Dazzle, wie schnell sich diese Europäer in eine vollkommen neue Sprache fanden. Als hätte man es mit einem Chamäleon zu tun oder so.

»Da könnten Sie recht haben, Heinrich. Joey, genau. Seine Haare sind ja auch immer irgendwie strubbelig, auf eine sympathische Art. Genau wie Ihre.«

Heinrich spielte stolz mit seinen wirren Locken.

»Und er ist immer vollkommen verdattert, wenn er etwas erfährt, was die anderen von Anfang an wußten.

Zum Beispiel, daß einer von den anderen ihn anziehend findet. Oder zwei von seinen Freunden ein Verhältnis miteinander haben. Furchtbar naiv und immer schnell verblüfft. Und genauso komme ich mir vor, praktisch die ganze Zeit.«

»Verletzlich, wie Jungs nun einmal sind«, sagte Dazzle mitfühlend. »Und unschuldig. Vergessen Sie die Unschuld nicht, Heinrich.«

Sie hatten sich gerade die ersten drei Folgen im Audio-Video-Raum angesehen, und Dazzle hatte damit mehr Publikum angelockt als je zuvor. Alle Plätze waren besetzt, und selbst auf dem Fußboden saßen Leute.

»Ich«, meldete sich Ingrid, eine schöne, hellhäutige Schweizerin, die bisher noch kein einziges Wort gesagt hatte, »ich muß gestehen, daß ich eine tiefe Verwandtschaft zu der reichlich sarkastischen Blondine spüre, auch wenn mein eigenes Haar ja langweilig ist, viel zu lockig. Oft verletze ich ganz willkürlich Leute mit meinen spitzen Bemerkungen, und viele haben überhaupt keinen Sinn für meinen bizarren Humor.«

Studenten meldeten sich zu Wort, die Dazzle noch nie gesehen hatte. Manche standen nicht einmal auf seiner Liste.

»Besonders gefällt uns dieser überraschte Gesichtsausdruck, mit dem sie im Bett eines anderen aufwachen. Und ganz egal, wie groß die Probleme sind, mit denen sie fertigwerden müssen – etwa, daß sie auch mal das Badezimmer für sich haben wollen oder daß hochattraktive Außenseiter, die gar nicht zu den *Friends* gehören, in den engeren Kreis einbrechen –, immer sind sie absolut loyal zueinander und erziehen ihre niedlichen Kinder, aus allen erdenklichen Kombinationen von Eltern entstanden, in vollkommener Harmonie.«

»Diese Engländerin vielleicht ausgenommen. Das können wir uns einfach nicht vorstellen, daß ein echter *Friend* eine Engländerin heiraten würde.«

»Das war von Anfang an zum Scheitern verurteilt.«

»Hinterher kommt sie ja auch kaum noch vor.«

»Sie war nicht halb so unterhaltsam wie Sean Penn.«

»Und das bringt uns zu einer Frage, Herr Dazzle, die uns alle interessiert –«

Nach einem Nickerchen während der Vorführung war Dazzle aufgewacht und hatte festgestellt, daß seine Zuhörer geradezu elektrisiert vor Aufregung waren, ein ganzer Raum voller junger Männer und Frauen, die so schnell sie nur konnten alles übereinander erfahren wollten. Insbesondere Agatha und Heinrich, die so nahe beieinander saßen, daß sie sich beinahe berührten.

Dazzle nahm seinen Mut zusammen und beschloß, die heikelste Frage des ganzen Semesters in Angriff zu nehmen:

»Ich ahne schon, worauf es hinausläuft. Deshalb sage ich jetzt noch einmal, und ungefähr zum tausendsten Mal, daß nichts dran ist an dem Gerücht, daß Sean

Penn die Hauptrolle in der Verfilmung meiner Lebensgeschichte spielt. Ich enttäusche Sie nicht gern – aber ich fürchte, Sony wird nicht mal die Option verlängern.«

Es ist nicht immer leicht zu sagen, wann man aus einer potentiell katastrophalen Erfahrung eine einigermaßen erfolgreiche gemacht hat, aber Dazzle war sich sicher, daß der Wendepunkt etwa auf halbem Wege der Samuel-Fischer-Vorlesung gekommen war, die am Institut für moderne Sprachen gehalten wurde, günstig direkt gegenüber dem Eingang zur U-Bahn-Station Mitte gelegen.

»Zuerst einmal«, begann Dazzle, »möchte ich euch allen *wuff* sagen, ich möchte sagen, daß mir die letzten paar Monate einen Riesenspaß gemacht haben, *wuff wuff*. Und alles in allem habe ich, wie vermutet, mehr von euch gelernt als ihr von mir, gerade was die Sprache angeht. Ich habe gelernt, daß ihr hier die Sprache wirklich ernst nehmt, ganz anders als die meisten Amerikaner, die ich kenne und denen es nur darum geht, sich irgendwie verständlich zu machen; für euch hier ist es ein Mittel, mit anderen Kulturen zu kommunizieren. Ihr hört tatsächlich den anderen zu, ganz egal, von wo sie kommen. Wahrscheinlich ergibt sich das ganz von selbst, wenn man auf einem Kontinent mit so vielen verschiedenen Sprachen lebt und sich alle um dieselben Euros und denselben Regalplatz rangeln. Und was euer Hündisch angeht – jetzt hört endlich auf euch zu entschuldigen!

Ihr sprecht das so gut wie jeder Hund, bis in die kleinsten Kehllaute hinein. Perfekt!«

Das große Publikum aus gut gekleideten, ansehnlichen Männern und Frauen lächelte ein kollektives Lächeln. (Im Zweifelsfall muß man den Leuten nur ein Kompliment zu ihren Sprachkenntnissen machen, dachte Dazzle glücklich. Als ob man sämtliche Lichter einschaltet.)

»Jedenfalls«, fuhr Dazzle fort, die Pfoten auf das Pult mit dem tief sitzenden Mikrofon gestützt, »werde ich die Zeit nie vergessen, die ich hier bei euch verbracht habe, und die Sachen, die ich in diesen Monaten gelernt habe. Ich weiß jetzt, daß Sprache nicht einfach nur ein Haufen Wörter in einem Wörterbuch ist. Sprache, das ist die Luft, die wir atmen, die Nahrung, die wir essen, das sind die Geschichten, die wir erzählen, wenn wir beisammen sitzen. Ich weiß, manchmal kann ich ein ziemlicher Griesgram sein, wenn mir die Welt mal wieder so richtig aufs Gemüt schlägt, aber eins habe ich gelernt, und das macht mir Mut. Jeder, der versucht, etwas zu sagen, und jeder, der versucht zuzuhören, der tut etwas Gutes damit; wir dürfen nur nicht aufgeben. Was wahrscheinlich nur eine sehr umständliche Art ist zu sagen: Danke, daß ich hier sein durfte. Es war eine wunderbare Zeit. Oh – und eins noch.«

Alle rückten ein Stück vor auf die Kante ihres Stuhles. Das war etwas, woran Dazzle sich nie gewöhnen würde: dieser Anblick, diese Intensität, mit der fremde Menschen *zuhörten.*

Und zwar *ihm.*

(Tolle Reise, dachte Dazzle.)

»Herzlichen Dank für Ihre wunderbare Gastfreundschaft«, radebrach Dazzle in einem Deutsch, das vielleicht das schlechteste war, das jemals auf dem ganzen Planeten erklungen war. »Und jetzt, wenn es recht ist, wird es Zeit, mich zu verabschieden.«

Aus dem amerikanischen Englisch von Manfred Allié

SERGIO RAMÍREZ

Vallejo

Für Sergio, María, Dorel
und die gemeinsamen Jahre

Die verrückten Illusionen
ließen mich mein Land verlassen.
PERUANISCHER KREOLENWALZER

In jenen Tagen Mitte Frühjahr 1974, als Vallejo auftauchte, brachte der *Tagesspiegel* wieder einmal eine
dieser kurzen Nachrichten im Innenteil, in der von den
erleuchteten Fenstern berichtet wurde. Ein neuer Fall
war aufgetreten, diesmal in Wilmersdorf, meinem Stadtteil, in der Prinzregentenstraße, ganz in der Nähe der
Helmstedter Straße, wo ich wohnte: Beide grenzten auf
der einen Seite an den Prager Platz, gemütlich und ver-
schwiegen – Metzgereien, Bäckereien, eine Zahnarztpra-
xis, eine Autowerkstatt und die Pizzeria Taormina –, und
auf der anderen an die Berliner Straße, von verblichener
Eleganz – Optikergeschäfte, Boutiquen, Parfümerien,
ein wenig besuchtes Musikgeschäft, das in seinem
Schaufenster Partituren ausstellte –, Straßen, die jedoch
noch die Nachbarschaft zur baumbestandenen Ruhe-
zone des Volksparks genossen, wohin ich zu Beginn meiner Berliner Zeit an manchen Nachmittagen ging, um bei

der anstrengenden Übung deutscher Lektüre, die ich mir auferlegt hatte, Kafka zu entziffern.

Nicht, daß der *Tagesspiegel* den erleuchteten Fenstern etwa den Rang von Fällen zugestanden hätte. Ich war es selbst, der im Geiste jenen Zusammenhang von nächtlich erleuchteten Fenstern erfand und sie auf den Mäandern des Berliner Stadtplans markierte: Irrlichter, die unter den zahllosen Winkeln, Kanälen, Alleen, Straßen, Gleiskörpern, Umgehungen aufflackerten und in Sträßchen wie dem meinen leuchteten, bevor sie sich für immer verloren und in die Dunkelheit zurückkehrten in Sträßchen wie dem meinen, mit kaum bekannten Namen. Bis von neuem der Plan in Rosa, Malve, Rot, Gelb, Siamblau und übersät mit zahllosen Namen und Zeichen an irgendeiner Stelle aufzuleuchten begann, wenn die Nachricht erschien, als habe ihn ein Streichholz berührt.

Auf für mich geheimnisvolle Weise leuchteten diese Feuer – wenn ich sie gleichzeitig entzündet hätte, um sie zusammen brennen zu sehen – auf dem Stadtplan wie eine harmonische Konstellation gleich weit voneinander entfernter Sterne, bildeten eine Art Kreis aus Flammen, die sich gegenseitig durch ihren Trauerschein riefen: eine in Spandau, eine andere in Charlottenburg (jetzt entbrannte die, die an dieser Stelle noch im Kreis fehlte, in Wilmersdorf); dann eine in Schöneberg, eine weitere in Neukölln, und eine weiter oben in Kreuzberg. Ein Feuer, ein Signal, ein erleuchtetes Fenster, das durch die Nacht strahlte und erst im Morgengrauen verblich, fehlte noch: in Wedding, dem Bezirk, der sich hinter dem Tiergarten zwischen Moabit und dem Tegeler See ausdehnte.

In meinem Kopf behielt ich eine klare Vorstellung vom Berliner Stadtplan, den ich außerdem – eine Aufgabe für Könner – problemlos auseinanderfalten und von oben nach unten lesen konnte, die einzige Art und Weise, in jenem Dschungel zu überleben (eine Großstadt Dschungel zu nennen, ist nicht gerade originell, doch als Metapher am genauesten), für ein häusliches Tier wie mich, dessen einzige Auslandserfahrung bis dahin nur San José gewesen war, eine Hauptstadt, in der es damals noch geschehen konnte, daß der Präsident der Republik von einem Fahrrad überfahren wurde, weil er nicht rechtzeitig auf das Klingeln des Fahrers geachtet hatte, so wie es Don Otilio Ulate geschehen war, als er die Avenida Central überquerte, an der Ecke der Bank von Costa Rica, gegenüber der Plaza de Artillería.

Wilmersdorf war bis zum Zweiten Weltkrieg einer der alten Stadtteile des jüdischen Bürgertums gewesen, und die Helmstedter Straße war eine dieser ruhigen Berliner Straßen, von Linden gesäumt, deren frisches Grün jetzt im Sonnenlicht zu glänzen begann, eine bescheidene Reihe grauer Gebäude, unscheinbare, nackte Wohnblocks aus Zement, die nur hier und da von einem Blumenkasten an einem Balkon geschmückt wurden. An der Seitenwand eines dieser Gebäude konnte man immer auch, von Sonne, Schnee und Regen ausgeblichen, eine alte Vorkriegsreklame lesen, deren Farben längst nicht mehr auszumachen waren, vielleicht eine Reklame für Zahnpasta oder für Hautcreme, das weiß ich nicht mehr. Ich erinnere mich nur noch an das Gesicht eines Mädchens, das dabei war, für immer zu erlöschen, wie ein Gespenst der Vergangenheit, das sich in sich selbst verbirgt, sich auslöscht und in nichts auflöst.

Nicht weit entfernt von meiner Straße führte die Bundesallee vorbei, ein reißender Strom von Autos, Bussen und U-Bahnen, der weiter unten in einen noch breiteren, wilderen Strom mündete, den Kurfürstendamm. Meine Straße in der Nähe dieses Stroms war ein gemächlicher, sicherer, ruhiger Bach, dank jenes urbanen Zaubers des Berlins der Kaiserzeit, das trotz der Bombardements und des Einbruchs moderner Improvisation immer noch fähig war, den provinziellen Sinn der Stadtviertel zu erhalten, geschützte Inseln gegenüber dem Strudel der großen Haupt- und Durchgangsstraßen, deren entfesseltes Brodeln in der Ferne zu hören war. In unserem Viertel (ich erzählte schon vom Prager Platz und der Berliner Straße) war die Metzgerei gleich nebenan, die Apotheke, der Gemüseladen (der Gemüsehändler, ein fröhlicher, kahlköpfiger Teutone, trat aus der Ladentür, um mich wie ein Neapolitaner laut rufend zu begrüßen, und sagte mir, als ich einmal mit einem

Hammer in der Hand, den ich für wer weiß welche Arbeit gekauft hatte, aus der Eisenwarenhandlung zurückkehrte: »So ist es richtig! Nageln Sie Ihre Tür gut zu, schließen Sie sich gut ein!«), die Papierhandlung gleich um die Ecke (eine dieser gut ausgestatteten deutschen Papierhandlungen – Staedler, Adler, Pelikan –, die für mich als Schriftsteller zu dem wurden, was für Kinder Spielwaren- oder Süßwarenläden sind: Stapel Papier jeden Gewichts, jeder Struktur und Dicke, Ordner in Pastelltönen, Stifte mit ganz feinem Strich und in allen Farben, die man sich wünschen mag, Radiergummis, die spurlos radieren, Klebstoff, der nicht schmiert, Füllfederhalter, die nicht klecksen, und Kohlepapier, so zart wie Seide, das man damals noch benutzte, um maschinengeschriebene Kopien zu erstellen. Das Berühren der Arbeitswerkzeuge seines Berufs, die Mnemotechnik als Sinnlichkeit, hat das nicht schon Walter Benjamin gesagt?).

Ein Beruf, den ich mit der Regelmäßigkeit eines Sekretärs ausübte, mit Arbeitszeiten, die um acht Uhr morgens begannen und regelmäßig bis zum Mittag dauerten. Zur gleichen Zeit wie ich begannen auf der anderen Straßenseite mit derselben Disziplin die Näherinnen einer Schneiderwerkstatt ihre Arbeit. An den fast noch nächtlichen Wintermorgen schalteten sie das Licht ihrer Werkstatt ein und ich das meines Arbeitszimmers, sie und ich jeweils im zweiten Stock, und in unseren kurzen Arbeitspausen schauten sie aus ihrem erleuchteten Fenster und ich aus dem meinen, und wir sahen uns von weitem wie die Reisenden von zwei Zügen, die sich in der Nacht begegnen.

Jene grauen Wohnhäuser der Berliner Juden schienen unversehrt die Bombardements und Brände überlebt zu haben – oder waren die Bomben weit weg von dieser Insel gefallen, die Wilmersdorf immer noch war, hatten die Brände woanders gewütet und niemals diese Bäche verschlungen, sondern die weiter entfernten, großen Flüsse? Oder die Seen, wenn wir die Plätze so bezeichnen wollen: Vernichtet der Potsdamer Platz, so wie er war und noch auf den Fotos betrachtet werden konnte, die auf dem riesigen Stück Ödland an der Mauer ausgestellt waren, wo er einmal gelegen hatte, Ledergeschäfte, Cafés, Banken, Juwelierläden, Restaurants, Luxushotels, Straßenbahngewühl, ein Heer von Fußgängern; und der Alexanderplatz, der andere summende Bienenkorb – Theater, Kinos, Kabaretts, Zeitungsredaktionen, Kneipen –, von dem auch nichts übrig blieb, außer natürlich der meisterhafte Roman, den Alfred Döblin 1929 schrieb und der genauso heißt: *Berlin Alexanderplatz*. Dort erhob sich jetzt der Fernsehturm des »anderen Berlin«, wie Vallejo den Ostteil der Stadt zu nennen pflegte.

Unter der hohen Tür der Nummer 27 mit den bleigefaßten Fenstern, des Gebäudes, in dem ich in der Helmstedter Straße lebte, war, ganz abgewetzt vom Drüberhinlaufen, auf der Schwelle noch das Mosaik eines Davidsterns zu sehen, ein erlöschender, kalter Stern, der sich selbst verneinte, in sich selbst zurückfiel. In sein eigenes Vergessen, wie das Gesicht des Mädchens mit dem kurzen, schon verblichenen Haar, den verblassenden Augenbrauen, die einst deutlich schwarze Striche gewesen waren, sein letzter Blick über die nackte, leicht angehobene Schulter, so verabschiedete es sich lächelnd von der Welt, während es langsam in der Wand verschwand.

Die jüdische Familie, die in meiner Wohnung im zweiten Stock gelebt hatte: Hatte sie auch diesen Stern abgewetzt, der jetzt mit dem Schein des Holocaust glänzte, angstvolle Schritte von Erwachsenen, ängstliche Schritte von Kindern, um zu kalter Mitternachtsstunde in einem ähnlichen Frühjahr wie diesem von SS-Schergen in schwarzen Ledermänteln, genau wie aus den Filmen über die Nazis, zum Güterbahnhof am Zoologischen Garten oder der Friedrichstraße und von da in irgendein Konzentrationslager gebracht zu werden, Birkenau, Treblinka, Buchenwald, in den Tod, in die Vernichtung? (Tulita: Gab es nicht in einer der Nachbarstraßen, in einem der grauen Gebäude genau wie die der Helmstedter Straße, eine Gedenktafel, die daran erinnerte, daß dort Albert Einstein gelebt hatte? Ja, in der Jenaer Straße.)

Das Frühjahr der erleuchteten Fenster. Da war nämlich von April an erst in einem Stadtteil, dann auch in anderen, ein Fenster erleuchtet geblieben, weil es nie-

manden mehr gab, der das Licht hätte ausschalten können. Nach mehreren Nächten meldete jemand der Polizei, daß das Licht in diesem Fenster unaufhörlich
brannte, und da fanden sie die Leiche. Andere Male war
es der Verwesungsgeruch, der Treppenhäuser und Kor-
ridore zu füllen begann; doch für gewöhnlich war es
das Licht im Fenster, das Fenster, das wie ein fernes Fa-
nal in der Dunkelheit brannte, das schließlich anzeig-te,
daß jemand gestorben war, allein, verlassen, vergessen.

»Und es gibt gar kein großes Aufsehen«, meinte ich
zu Vallejo (oder meinte er das zu mir?), während wir
eines Sonntagnachmittags am Grenzübergang Checkpoint Charlie darauf warteten, daß die Grenzbeamten
des »anderen Berlin«, hinter einer dicken Glasscheibe
mit Vorhang und Lautsprecher, unsere Pässe prüften.
»Die Leichen der Alleinstehenden werden ohne Lärm
über die Treppen in den Keller hinuntergebracht, wo
unauffällig am Aufgang zur Straße der Leichenwagen
parkt; diese kalten, dunklen Keller, wo die Kohle gela-
gert wird, mit der im Winter die Heizungen befeuert
werden, und jeder Bewohner seinen Stromzähler und
seinen Mülleimer hat, mit seinem eigenen Namen.«

Eines der Dinge, die ich als Bewohner tropischer
Provinz in Berlin entdeckt hatte, so begann ich Vallejo
zu erzählen und erzählte es noch, als wir schon Unter
den Linden ankamen (diesmal bin ich sicher, daß ich es
war, der erzählte), war, daß man in jenem Dschungel in

absoluter Einsamkeit leben konnte, und es gab alte Leute, vor allem alte Leute, die so lebten, ohne Familienangehörige (die Kinder verlassen und vergessen schließlich ihre Eltern, die fern von ihren Enkelkindern und der Wärme eines Haushalts sterben, mutterseelenallein), ohne Freunde (wann hören alte Leute eigentlich auf, Freunde zu haben?), ohne Nachbarn (weil es die Vorstellung vom lauten, indiskreten, dreisten Nachbarn, wie wir ihn haben, nicht gibt). Daß die gebeizten Türen im dunklen Halbschatten der Treppenabsätze wie Sargdeckel sein konnten, und jedes Mal, wenn sich eine dieser Türen schloß, war das, als schlüge ein Hammer einen weiteren Nagel in diesen Sarg (der alte Mann, die alte Frau kommt mit seinen/ihren kümmerlichen Einkäufen nach Hause, ein paar wenige Lebensmittel für ihn/sie, Futter für die Katze, eine Tür, die zuschlägt, ein Schloß, das sich dreimal dreht; die Einsamkeit, einzige nahe Angehörige, Stiefmutter mit trockenen, traurigen Brüsten, hat sie unwirsch, böse, feindselig gemacht).

»Wann sollte das in Peru jemals vorkommen, mein Lieber! Da kann man nicht die Seele aushauchen, ohne daß die Kammer voller Menschen ist, und es kommen sogar Leute, die man gar nicht kennt, und beweinen einen aus tiefstem Herzen«, empörte sich voller Mitleid Vallejo.

Ich glaube, wir nennen ihn am besten weiter Vallejo, denn dies ist der Name, den wir ihm zuerst gaben, als er auftauchte. Er war Peruaner und stammte aus Cuzco, das ist alles, was ich über ihn weiß. Es war ein Maimorgen im Jahre 1974, als seine Schritte zum ersten Mal hohl und energisch im Treppenhaus erklangen, das, egal zu welcher Jahreszeit, immer im Halbdunkel lag, und vor meiner Tür verhielten. Ich wandte den Kopf in der Erwartung, daß jemand durch den Briefschlitz irgendeine Werbesendung schieben würde und daß die Sendung mit sanftem Schlag auf den Parkettfußboden fiele, aber nein: Lautes Klingeln, ein Klingeln wie am Ende einer Schul- oder Theaterpause, widerhallte in den sonnendurchfluteten Zimmern, deren Fenster zum ersten Mal seit vielen Monaten offen standen; die Gardinen wehten wirbelnd in die Zimmer hinein.

Schicksalsergeben stand ich von meinem Platz vor der Schreibmaschine auf, um nachzusehen, wer es war; schicksalsergeben und mit Anzeichen von Frustration und Wut, denn oft genug fand einer der nicaraguanischen Studenten in Berlin, weil er keine Lust auf seine Vorlesung verspürte oder sie ohnehin schon aufgegeben hatte, nichts Besseres zu tun, als auf einen Schwatz vorbeizukommen. Und immer an den Vormittagen, wenn ich schrieb.

Es war Vallejo, der Cholo, der mir lächelnd seine Hand entgegenstreckte. Ich habe ihn so in Erinnerung: mit dem Aussehen eines pensionierten Freistilringers, strähnigem Haar von der Sorte, dessen rebellische Borsten bei Erwachsenen nur mit großen Mengen Brillantine zu zähmen sind oder, bei Kindern, mit kleinen Mützen aus Nylonstrümpfen, die über den Hinterkopf gezogen werden, die aber dennoch mit der Kraft der metallenen Strahlen des Heiligenscheins einer Heiligenfigur aus Cuzco zur Widerborstigkeit neigen. Seine Gesichtshaut kupferfarben, rötlich-gelb, straff über die Züge eines Inka gezogen (schmale Augen, breite Nase, vorstehender Mund mit dicken Lippen) wie das lederne Fell einer Trommel, das auf seiner Oberfläche undefinierbare Flecken und Schatten trägt. (Ob er so um die fünfzig gewesen sein mag, Tulita? Etwas drunter oder drüber.)

Was er wünschte? Er wünschte, daß man ihn vom DAAD (Deutscher Akademischer Austauschdienst, wenn es jemand genau wissen will) hierher geschickt hatte, der Institution, die mein Autorenstipendium in Berlin bezahlte. Im Büro des DAAD am Steinplatz hatte er nach einem lateinamerikanischen Schriftsteller gefragt, der für ihn (der Meisterkomponist war, mit einem Titel der Accademia di Santa Cecilia in Rom) das Libretto für ein Ballett über ein indianisches Thema schreiben könne, und weil ich in diesem Jahr der einzige lateinamerikanische Autor im Stipendiatenprogramm war (die anderen stammten aus Litauen, Norwegen, der Ukraine, es gab einen Rumänen: meinen Freund, den Dichter Roman Sorescu), hatte ihm Barbara, die sich um uns Schriftsteller kümmerte, meine Adresse gegeben.

Und während er in das Wohnzimmer mit der hohen, elfenbeinfarbenen Decke eintrat, deren Ecken aus Gips geformte Traubenbüschel schmückten (das Wohnzimmer, in dem als wichtigstes Schmuckstück ein alter, natürlich leerer Tresor stand, den die Eigentümerin, eine Gynäkologin aus Schöneberg, sich weigerte, abtransportieren zu lassen, weil es zu teuer war, ihn mit einem Kran durch das Fenster hinunterzulassen), gab er mir mit einer Bewegung seiner wulstigen Lippen zu verstehen, wie unhöflich es von mir war, ihn nicht hereinzubitten, was er jedoch dadurch wiedergutmachte, daß er sich ganz nach Belieben in einen der Sessel warf, drei oder vier mit braunem Stoff bezogene Sessel in dem leeren, hellen Wohnzimmer mit den wehenden Gardinen, die jetzt gleichmütig zur Decke hinauf leckten.

Während er sich eifrig die Hände rieb, fragte er mich, ob ich nicht ein Täßchen Kaffee hätte. Und als ich schlecht gelaunt mit dem Täßchen Kaffee zurückkehrte, ohne mir selbst eines mitzubringen, als deutliches Zeichen, daß diese Unterredung, er im Sitzen und ich im Stehen, sich nicht lange auszudehnen brauchte, sagte ich ihm so freundlich und höflich wie möglich, daß ich vom Ballett nichts verstünde, in meinem ganzen Leben hatte ich noch keine Ballettaufführung gesehen, und meine Bildung ging in dieser Hinsicht nicht darüber hinaus, ab und zu ein paar Suiten aus dem *Nußknacker* und den *Pas de Trois* aus *Schwanensee* gehört zu haben.

Das stimmte tatsächlich. Viele Jahre zuvor, wenn ich an den langweiligen Samstagnachmittagen in meiner Studentenbude in León nach irgendeinem Sender suchte, hielt ich manchmal bei Radio Centauro inne, einem Radiosender aus Managua, der nur klassische Musik sendete, etwas Besonderes in einem Land mit Sendern, die nur Cumbias und Rancheras brachten. Ihr Eigentümer, Don Salvador Cardenal, der selbst den Plattenteller bediente, während er ins Mikrofon sprach, weil es sich um eine ganz arme, beinahe als Hobby betriebene Station handelte, deren Studio sich in einem Anbau seines Wohnhauses befand, gab den ganzen Tag über seine »Kleinen Musiklektionen vom Laien für Laien«. Tschaikowsky kam oft in diesen Lektionen vor.

»Außerdem mag ich Tschaikowsky überhaupt nicht. Ich finde ihn zu süßlich«, versuchte ich ihm klar zu machen.

»Ich auch«, antwortete er. »So süßlich wie die Filme von Kent Russell, dem Dalí des Kinos. Traurig, wie er diese geniale Schauspielerin, Glenda Jackson, verschwendet. Und Dalí ist ja ein solcher Franco-Anhänger und Angeber! Wie kann man diese zerlaufenen Uhren, die aussehen wie Pfannkuchen, Kunst nennen!«

Obwohl diese Antwort nichts an meiner Absicht änderte, ihn so schnell wie möglich los zu werden, schaffte sie es doch, mich zu ködern, fuhr mir wie ein Angelhaken unter die Haut. Vallejo war kein Dummkopf. Und wie man hörte, war er außerdem ein Linker.

Und was machte es schon, daß ich das süßliche Ballett falscher Romantik nicht kannte? – jetzt ging er, voller Begeisterung, von seinem Sessel zum Fenster: Strawinskys Feuervogel, ja, da konnte man sagen, daß ich etwas verpaßt hatte, so etwas müßten wir für das indianische Ballett erreichen (das »wir« gebrauchte er schon mit einer so vertraulichen Sicherheit, daß es beleidigend und belustigend zugleich wirkte). Außerdem lag der musikalische Teil ja ohnehin in seiner Verantwortung, er war der Komponist, mich brauchte er, um den Text zu schreiben, wir müßten uns über ein Thema verständigen, das dramatische Kraft besitze, aus einer der Urmythen der Inka-, Chibcha- oder Ketschua-Kultur stamme (Maya-Quiché, Azteken, fügte ich im Geiste hinzu, vergiß nicht unsere Kultur: Náhua, Chorotega, daher stamme ich); müßten aus dieser rituellen Kosmogonie die Elemente plastischer Schönheit freilegen, die im Tanz ausgedrückt werden könnten, da gab es doch immer einen nährenden Vater und eine nährende Mutter am Anfang der Welt, die ratlos vor der Macht ihrer eigenen Schöpfung standen, dem Chaos, und unfähig waren, trotz ihres göttlichen Wesens, zwischen Gut und Böse zu unterscheiden. Dort lag die Herausforderung für den Menschen: der Kampf für das Gute gegen die Götter, oder trotz der Götter, der Kampf zwischen Tyrannei, die die göttlichen Eltern darstellten, und der Freiheit, die von den Menschenkindern dargestellt wurde, zwischen Dunkel und Licht: Die Götter bereuten, den Menschen geschaffen zu haben, und wollten die Welt in das Dunkel zurückwerfen; der Mensch kämpfte dafür, das Licht überleben zu lassen. Der Sieg des Lichts war die Befreiung. Oder hatte ich inzwischen etwas Besseres erdacht?

Was ich ungeduldig dachte, weil mir der Morgen davonlief, war, daß mir dieser Vallejo mit seinem Ethnogewäsch nichts Neues noch Originelles vorschlug und daß mich außerdem diese Eingeborenenphilosophie überhaupt nicht interessierte, ich war mit anderem beschäftigt, der Roman, den ich gerade schrieb, *Die Spur der Caballeros,* handelte von den fünfziger Jahren, dem Nicaragua unter Somoza. Ich hatte nicht einmal den *Popol-Vuh* gelesen, damit er es nur wüßte, log ich.

Eingeborenenphilosophie? Vallejo war erstaunt. Wie konnte ich mich so ausdrücken? Er hatte den *Popol-Vuh* auch nicht gelesen, von welchem heiligen Buch sprach ich denn da überhaupt? Aber wenn ich wollte, könnte ich auch den *Popol-Vuh* benutzen, ich hätte genügend Zeit, mich ausführlich einzulesen, da sollte nichts improvisiert werden: Er selbst war schon in der Bibliothek des Iberoamerikanischen Instituts gewesen, dort gab es jede Menge Material über indianische Kulturen, auf Karteikarten im Katalog festgehalten, ich bräuchte dort nur einmal vorbeizugehen, am besten gleich heute Nachmittag. Wenn man seinen Paß als Pfand daließ, konnte man die Bücher und Broschüren ausleihen und mit nach Hause nehmen. Vallejo ließ sich Zeit dabei, mit aufgeblähten Backen in den Kaffee zu blasen, nutzloses Blasen, denn der Kaffee war schon lange kalt geworden.

Inzwischen war es fast zwölf Uhr. Er hatte mich um Papier gebeten, um ein paar Notizen zu entwerfen und ein paar Zeichnungen zu skizzieren (entwerfen, skizzieren waren Ausdrücke, die er immer wieder gebrauchte) und mir auf diese Weise seine szenischen Vorstellungen zu erklären. Und weil ich so tat, als verstünde ich nicht, ging er selbst zu meinem Arbeitstisch im Nebenzimmer und holte das Papier.

Manchmal geschieht es, daß man wie gelähmt ist: der einschläfernde Stich einer Tarantula? Der schlaftrunkene Rausch eines Giftgases mit lähmender Wirkung wie diese senffarbenen Wolken (Senfgas, so heißt es doch?), die langsam und tödlich über die feuerverbrannten Schützengräben des Ersten Weltkriegs ziehen? Die Blätter, die Vallejo von meinem Arbeitstisch genommen hatte, waren die drei, die ich, wenig genug, an diesem Morgen geschafft hatte. Er aber, was machte es schon, drehte sie um und benutzte die Rückseite.

Tulita bestätigt sehr großzügig, daß ich ein ruhiger Mensch bin, aber sie pflegt auch zu sagen, daß es Situationen gibt, in denen »der Mercado in mir losbricht«, der Zweig meiner Familie, von dem ich, wie sie sagt, den aggressiven Teil meines Charakters geerbt habe, den ich

jedoch, gerechterweise, den defensiven Teil nennen würde: meine kargen Reaktionsmechanismen, wenn die
Möglichkeiten von Gelassenheit und Gefaßtheit aus-
geschöpft sind, weil die Umstände Gelassenheit und
Gefaßtheit unmöglich machen. In diesem Sinn ist die
Aggressivität nichts weiter als das letzte Instrument der
Vernunft, ihr ultimativer Schild und Panzer, so sagte
ich mir, während ich dort dem ahnungslosen Vallejo
gegenübersaß, der jetzt bei dem Versuch, zuviel gleichzeitig zu machen, mit einer ungeschickten Bewegung den
Kaffee über das Papier verschüttet hatte.

Was machte das noch? Und wenn »der Mercado in
mir losbrach« – Mercado ist mein Nachname mütter-
licherseits–, dann hieß das soviel, als ob »der Indio in
mir losbrach«, wie man in manchen Gegenden Lateinamerikas zu sagen pflegt: Als Kind wurde mein Haar,
weil es sich so schwer kämmen ließ, mit einem Nylon-
mützchen gebändigt, das aus einem alten, laufmaschen-
befallenen Strumpf meiner Mutter gemacht wurde, in
den Jahren nach dem Zweiten Weltkrieg, als es in Nicaragua noch kaum Nylonstrümpfe gab. Und mit dieser
Strumpfmütze auf dem Kopf lief ich mutig auf die Straße
hinaus, um es mit dem spottenden Schwarm der kleinen
rauflustigen Schläger aufzunehmen, die mir das Mützchen abreißen wollten, während meine Großmutter
Petrona gelaufen kam, um mich zu verteidigen (rauf-
lustig war ein typischer Ausdruck meiner Großmutter,

Schläger ein anderer; und diesen hörte ich später, und mehr als einmal, von Vallejo, wenn er über das Schicksal sprach: »Schlägerschicksal«, pflegte er zu sagen, und bewegte dabei schmerzhaft getroffen den Kopf).

Ich war also kurz vor dem Explodieren (explodieren, ein sprachlicher Allgemeinplatz in Bezug auf einen Gemütszustand; doch was soll man sonst sagen, wenn dies die Wahrheit ist?), als plötzlich wieder die Klingel ging, lärmende Verkörperung des Blitzes, der nicht vom Himmel kommen wollte, um Vallejo zu erschlagen, und es war Tulita, die von ihren Deutschstunden am Nollendorfplatz zurückkehrte, bald darauf mußten die Kinder aus der Schule kommen, zuerst das eilige Echo ihrer Schritte auf der Treppe, dann würde kindliche Ungeduld noch einmal die Glocke des Jüngsten Gerichts beharrlich läuten lassen, und die Schulranzen würden wie schwere Lasten aufs Parkett fallen; Zeit, die Schutzhülle über die Schreibmaschine zu stülpen, Zeit zum Mittagessen (Tulitas Zauberhände bereiteten das Essen in fünf Minuten zu, man konnte mit der Stoppuhr danebenstehen), Zeit also, sich an den Eßtisch in der Küche vor dem offenen Fenster zu setzen, durch das die Sonne schien und man fröhlich und lebendig den Frühling pfeifen hörte, die Sonne schien und wärmte schon die Hundehaufen auf dem Bürgersteig vor dem Albrecht-Supermarkt, dessen Fenster mit Sonderangebotsplakaten übersät waren, wie man von unserer Wohnung aus sehen konnte, und in dunklen Farbtönen das grüne Laub der Linden an der Straße spiegelten, die wieder zum Leben erwachten.

Wenn es ein normaler Tag gewesen wäre, doch es war keiner. Nichts war normal in jenen Tagen. Das Auftauchen Vallejos war nichts weiter als die Bestätigung des alten Sprichworts, daß ein Unglück selten allein kommt. Das Autorenstipendium war unter den strengen preußischen Regeln für ein Jahr gewährt worden, keinen Tag länger, und so würde mein Roman auf halbem Wege stecken bleiben. Ich hatte vor, noch ein Jahr länger in Berlin zu bleiben. Peter Schultze-Kraft, mein Schutzengel, der mir das Stipendium besorgt hatte und die Selbstsicherheit in Person war, rief jeden Abend aus Wien an, wo er bei der Internationalen Atombehörde der Vereinten Nationen arbeitete, um mir zu sagen, daß es keinen Grund zur Beunruhigung gebe: Johannes Rau, Ministerpräsident von Nordrhein-Westfalen und gleichzeitig Vorsitzender der Heinrich-Hertz-Stiftung, kümmere sich höchstpersönlich darum, daß ich ein zweites Stipendium bekäme.

Mein Mißtrauen wuchs, denn dies war eine Wissenschaftsstiftung – immerhin war Hertz der Vater der Hertz-Frequenz –, die Forscher mit Stipendien versah, die auf dem Gebiet der radioelektrischen Wellen arbeiteten, von Wellenlängen und elektromagnetischen Spektren, etc. »Das macht nichts«, wiederholte Peter mit gewohnter Beharrlichkeit, in Deutschland ist die Literatur eine Wissenschaft, Literaturwissenschaft eben.

Aber es machte doch etwas. Der DAAD würde auf mein Bankkonto nur noch einen Monatsbetrag überweisen, und wir hatten bereits begonnen, ein häusliches Notprogramm umzusetzen: im Supermarkt No-Name-Produkte zu kaufen, die Ausflüge ins Arsenal-Kino zu suspendieren und den noblen Renault stehen zu lassen, den wir gleich nach unserer Ankunft in Berlin gebraucht gekauft hatten, ohne ein Wort deutsch zu sprechen (als wir die Papiere des Wagens genau lasen, stellten wir fest, daß sein Vorbesitzer ein Konditor gewesen war; ein Adliger, so dachten wir, denn für uns klang Konditor nach einem Adelstitel). Und jetzt auch noch Vallejo.

Und auch noch Tulita. Kaum kam sie herein und entdeckte Vallejo, der jetzt am Geldschrank lehnte und mit nachdenklich-sorgenvollem Gesicht das las, was er auf die Rückseite der Manuskriptseiten meines Romans geschrieben hatte, da lief sie zu ihm und begrüßte ihn, ohne lange zu überlegen, so wie sie freudig jeden Unbekannten begrüßt, den sie mit mir zusammen sieht, weil sie davon ausgeht – und sich nicht lange dabei aufhält, es nachzuprüfen –, daß es sich um einen guten Freund handelt. Doch nach einem einzigen Blick adoptierte sie ihn außerdem auch noch:

»Sie bleiben doch zum Mittagessen, nicht wahr?«

»Aber natürlich, mit dem größten Vergnügen«, antwortete Vallejo und ging ins Arbeitszimmer hinüber, um noch einmal Papier zu holen.

Zwischen herzlicher Begrüßung und Adoption gibt es einen Unterschied, den sie selbst definiert. Es fällt ihr nicht schwer, nach kurzem Prozeß, für den sie vielleicht mit einem schnellen Blick meine Aussage erbittet, die ich ihr mit einem eben solchen gebe, festzustellen, daß derjenige, den sie in einer spontanen Aufwallung von Herzlichkeit mit soviel Zuneigung bedacht hat, gar kein enger Freund von mir ist, sie hat sich geirrt und Schluß. Doch die Bestätigung enger Freundschaft ist keine Voraussetzung für eine Adoption. Adoption genießt bei ihr eine eigene Logik, dafür hat sie ihre eigenen Gesetze, die sie beharrlich verteidigt: Hatte ich mir Vallejo denn nicht genau angesehen, hatte ich es etwa nicht bemerkt? Die abgewetzten Schuhe, einen Socken in einer, den zweiten in einer anderen Farbe, das Hemd unter der Achsel aufgeplatzt, an einem Ärmel fehlt ein Knopf. Eine minutiöse Musterung, wie alle, die sie unternahm, und zwar in Sekundenschnelle.

Vallejo entwarf weitere erste Skizzen, warf noch mehr Kritzeleien aufs Papier, darunter eine Vorbühne mit zwei Ebenen: unten sollte die Hölle sein, das Reich der Dunkelheit; oben wären die weltlichen Helden, bereit, in die Hölle hinabzufahren und die Götter der Dunkelheit zu besiegen. Das Licht der Scheinwerfer

mußte rot den Abgrund beleuchten (Plattform A = Hölle); und gleißend hell die Erde über der Hölle (Plattform
B = Welt der Sterblichen), sehr viel höher als Plattform
A; die beiden Plattformen durch vier Treppen verbunden, sehr steil, um das Gefühl des Abstiegs Welt/Unter-
welt zu vermitteln, zwei auf jeder Seite, li. u. re., jede
Treppe in einer anderen Farbe, also vier Treppen: rot
die des Lebens auf der li. Seite, und schwarz die des Todes auf der re. Seite... und zwei weitere Farben, die wir
noch aussuchen müßten; einfache Requisiten: Vorhänge
aus schwarzer, roter, weißer, gelber Seide (na also, die
beiden letzteren sind auch die beiden Farben, die uns
noch für die Treppen fehlten, weiß auf der li. und gelb
auf der re. Seite, dann haben wir auch das); und in der
Mitte muß ein Baum stehen, unten, in der Hölle; so
etwas wie der Baum des Guten und des Bösen, des Todes
und des Lebens...

Und als Tulita uns zum Mittagessen rief, hatte ich
schon Lust bekommen, ihn zu fragen, wie er ein kom-
plettes Bühnenbild für eine Ballettaufführung hatte er-
finden können, ohne ein dramatisches Motiv zu haben;
wofür waren denn die verschiedenfarbigen, steilen Treppen; wer sollte auf ihnen tanzend hinabkommen, mit
dem Risiko, sich den Hals zu brechen? Und ob es ihm
nicht schien, als sei dieser Baum des Guten und des Bösen nicht schon irgendwo beschrieben worden, vielleicht
in der Schöpfungsgeschichte, im Ersten Buch des Alten

Testaments? Beschrieben, wenn auch noch nicht getanzt, um seiner Idee gerecht zu werden.

Rundum zufrieden mit den erzielten Fortschritten
ging Vallejo durch den Flur zum Badezimmer, als kenne
er den Weg seit ewigen Zeiten. Nach einer langen Weile
hörten wir, wie die Toilette gespült wurde, dann lugte
er durch die Küchentür und bat um ein Handtuch, es
gebe kein Handtuch im Bad, mit aufgekrempelten Är-
meln, von den Händen und Unterarmen troff das Wasser, so stand er da, wie ein Chirurg im Operationssaal,
der nach der Operation darauf wartet, daß man ihm die
Gummihandschuhe abstreift, während María, das ältere
der beiden Mädchen, ihm ein Handtuch holen ging (inzwischen waren die drei Kinder aus der Schule zurück,
Sergio, María und Dora, fragten, wer Vallejo sei und
hörten, was Tulita ihnen antwortete: ein Freund deines
Vaters, was nicht stimmte, doch in diesem Augenblick
wollte ich ihr nicht widersprechen).

Am folgenden Morgen rief Vallejo an, um zu fragen, ob er nicht seine Notizen und szenischen Skizzen
vergessen habe, was tatsächlich der Fall war (ich will
hier gleich anmerken, daß niemand wußte, wo er wohnte; Barbara beim DAAD wußte nichts von ihm, nie gab er
ihr seine Adresse, genauso wenig wie mir; er besaß kein
Telefon und pflegte von irgendeiner Kneipe aus anzurufen, aus irgendeiner Telefonzelle auf der Straße). Nebenbei wollte er mir sagen, sagte er mir, daß die, die auf

einem der vier Wege ins untere Reich der Dunkelheit hinabstiegen, zwei Prinzen, Brüder, wären, doch müßten sie den roten Weg wählen, den Weg des Lebens; wenn sie dem schwarzen folgten, müßten sie sterben. Ich sollte überlegen, ob wir sie nicht, wenn sie dem richtigen Weg folgten und ins Reich des Bösen gelangten, noch anderen Prüfungen unterwerfen wollten, zum Beispiel fünf Häusern der Qual: dem Haus der Messer, dem Haus der Flammen, dem Haus des Eises, dem Haus der Tiger, dem Haus der Fledermäuse? Geisterhäuser, wie die Geisterbahn im Vergnügungspark im Tiergarten.

Am nächsten Tag rief er wieder an mit der dringenden Nachricht, ich müsse ihn am gleichen Nachmittag zu einem Gespräch begleiten, das er mit einem Assistenten des Direktors der Deutschen Oper hatte arrangieren können. Und ich solle nicht vergessen, die Skizzen der Bühnenbilder mitzubringen, die würden wir brauchen.

»Willst du etwa hingehen?«, fragte mich Tulita halb vorsichtig, halb erstaunt.

Wenn es mir schon schlecht ging, dem Peruaner ging es noch schlechter. »Gerecht ist gerecht«, antwortete ich ihr ein wenig gereizt. War sie es denn nicht gewesen, die festgestellt hatte, daß er zwei unterschiedliche Socken trug?

Das Treffen sollte auf Einladung des Assistenten im Café des Hotels Kempinski stattfinden, einem der feinsten und teuersten Lokale Berlins, am Kurfürstendamm:

Mit der Sache wird es also ernst, meinte Tulita. Ja. Mit dem Assistenten sollten wir die Ballettaufführung vorbesprechen, zwar noch ohne Titel und Thema und deshalb auch ohne Musik und Choreographie, doch schon mit der Idee von der zweigeteilten Bühne, Plattform A und B, vier Treppen, einem Baum des Guten und des Bösen und zwei Prinzen, die mehr Prüfungen unterzogen würden, als ein nüchternes, skeptisches deutsches Publikum ertragen würde.

»Und wenn er ja sagt, dieser Herr?«, fragte Tulita, die die letzten Überreste von Spott auf dem Grund meiner Worte wohl gehört hatte. Doch ich antwortete ihr nicht mehr und ging los in Richtung U-Bahnhof Uhlandstraße.

Und wenn einer der Prinzen sich irrt, den schwarzen Weg wählt und zum Tod durch Köpfen verurteilt wird? Dann wird sein Kopf auf einen Pfahl gesteckt, der Pfahl erblüht und wird zum Baum, der Kopf wird zur Frucht unter vielen gleichen Früchten, rund und hart wie Köpfe: der Jícaro-Baum, voller Jícaro-Früchte, der Baum der Köpfe, das wäre der Baum des Guten und des Bösen, der Baum von Tod und Leben. Als ich so in dem überfüllten U-Bahnwagen stand, begann mein eigener Kopf trotz aller Warnungen der Vernunft im Sinne Vallejos zu arbeiten.

»Dieser Herr sagte weder ja noch nein, weil er ganz einfach nicht zu dem Treffen erschien; und dieses Treffen wurde nie vereinbart, den Assistenten gibt es gar nicht, Vallejo muß ihn erfunden haben, das alles ist eine Farce, eine Lüge«, sagte ich zu Tulita, kaum daß sie mir die Tür öffnete, so schweißüberströmt und keuchend wie ich da stand, denn weil ich keinen Pfennig mehr besaß, hatte ich zu Fuß heimgehen müssen.

»Warum sollte er ihn erfunden haben? Mit welchem Plan sollte er dich so hinters Licht führen?«, versuchte sie eine letzte Verteidigung.

»Aha, und die Rechnung?«, schalt ich beleidigt.

Das einzig Wirkliche an allem war die astronomische Rechnung gewesen, und ich war es, der sie bezahlen mußte, nicht einmal für die U-Bahn war etwas übrig geblieben; Vallejo erklärte sich stillschweigend für zahlungsunfähig, indem er seine größte Leidensmiene aufsetzte, als sich nach langem, nutzlosem Warten der steife, befrackte Kellner näherte mit der Rechnung, die sich in seinem blank polierten Silbertablett spiegelte.

»Komisch, die Deutschen, und vor allem die leitenden Angestellten der Oper, sind sonst so pünktlich«, sagte er, während er sich die dicken Lippen mit der imposanten goldgesäumten und gestärkten Serviette abtupfte und dann aufstand.

Wir verabschiedeten uns auf dem Gehsteig, von meiner Seite sehr unfreundlich, und vielleicht war es deshalb, daß er sich in den kommenden Tagen nicht traute, seine Besuche zu wiederholen. Doch versuchte er mich anzurufen. Die Kinder hatten Anweisung zu sagen, ich sei nicht da, und Tulita blieb nichts anderes übrig, als mich ebenfalls zu verleugnen, wenn sie ans Telefon ging. Und wenn sonst niemand in der Wohnung war, ließ ich den Apparat klingeln. Woher sollte ich wissen, ob es nicht er war?

Niemand frage mich, weshalb, aber schließlich ging ich doch dran. Und ohne Umschweife erklärte er mir bester Laune, wir hätten ja gar nicht an die Primaballerina gedacht. Wir mußten also eine indianische Prinzessin einführen. Ich solle doch bitte darüber nachdenken, welche Beziehung sie zu den beiden Heldenbrüdern haben müßte, die ins Reich der Dunkelheit hinabsteigen: Gattin? Schwester? Mutter?

»In Ordnung, ich denke drüber nach«, antwortete ich ihm, um ihn nicht gleich zum Teufel zu jagen.

(Die Prinzessin hört die Vorüberkommenden von dem verzauberten Baum voller Köpfe reden, die zwischen den Blättern flüstern. Heimlich schleicht sie sich auf der Suche nach dem Zauber aus dem Haus, bis sie den Baum mit den rankenden Zweigen findet, von denen die Totenschädel herabhängen wie düstere Früchte im bleichen Licht eines abnehmenden Mondes. Sie nähert sich tanzend dem Baum. Der Kopf des enthaupteten Prinzen bittet sie, die Hand auszustrecken, um hinein spukken zu können; sie gehorcht und erhält den Speichel in ihre geöffnete Hand. Der Samen/Speichel dringt durch die Poren der Hand der Prinzessin bis in ihr Innerstes, und so empfängt sie zwei neue, rächende Prinzen.)

Daß ich ans Telefon gegangen war, war für Vallejo das Signal zurückzukehren, doch diesmal maß er behutsam seine Schritte. Er kam jetzt nicht morgens, sondern gegen Abend, und trug eine Plastiktüte aus dem Supermarkt, die er Tulita mit der freundlichen Bitte überreichte, sie möge eine Pfanne und einen Topf bereitstellen, denn er werde jetzt persönlich kochen. Die Tüte enthielt eine Packung Spaghetti, eine Dose italienische Tomaten, eine Schachtel geriebenen Parmesankäse und zwei Flaschen ungarischen Rotwein (einer verdächtigen Sorte, Sangre de Toro, Stierblut, den ich in schlechten Zeiten, wie den jetzigen, zu kaufen pflegte).

Diesmal begann er nicht damit, daß er über das Libretto für sein Ballett sprach. Während ich ihm ein wenig abweisend zuschaute, wie er in der Küche mit den Zutaten hantierte, erzählte er mir, wie er in Rom, um sein Musikstudium fortsetzen zu können, als Küchenhilfe in den Touristentrattorias des Trastevere hatte arbeiten müssen, nachdem ihm die Regierung von Belaúnde Terry zuhause in Peru sein Studium nicht weiterzahlte. Sehr spät hatte General Velasco Alvarado seinen Staatsstreich unternommen, und noch länger hat er gebraucht, trotz seiner wunderbaren Absichten, mit all den Kanaillen in Peru aufzuräumen, mein Lieber, nicht zu reden von der Verspätung dabei, der einhei-

mischen Kultur ihren angestammten Ehrenplatz zurückzugeben.

»Weshalb hat Ihnen die Regierung des Volkes denn
Ihr Stipendium nicht wieder gewährt?«, fragte ich ihn mit
schlecht verhohlener Tücke. »Haben Sie denn keinen An-
trag gestellt?«

»Ich habe die Dokumente längst eingereicht«, antwortete er betont harmlos. »Aber in Peru gehen die Dinge sooo langsam, alles bleibt auf dem Dienstweg stecken.
Die Bürokratie von Lima ist noch wie zu Zeiten des
Vizekönigreichs ...«

Warum ging er nicht einfach nach Peru zurück –
wollte ich ihn in die Enge treiben – und half die einhei-
mische Kultur zu verbreiten? Gerade hatte ich im Fernsehen die Campesinos von Ayacucho bei einem Agrar-
kongreß in Lima gesehen, in ihren Ponchos und Chullos,
wobei sie die Sitze im geschlossenen Parlament einnah-
men. Und auf einem Satellitenfoto vom Vortag, das die
Zeitung abgedruckt hatte, begrüßte der General Velasco
Alvarado bei einer Versammlung in Pucallpa die Menge
der Indios von den Stufen der Kirche aus mit einem Kopf-
schmuck aus Federn. Worauf wartete Vallejo, um die
Reise ins gelobte Land zu unternehmen?

»Daß man mir auf der Avenida La Colmena einen
Blumenteppich streut. Die will ich im offenen Wagen
entlangfahren, von der Plaza Unión bis zur Plaza San Mar-
tín, während die Bürgersteige, die Fenster, die Balkone

voller jubelnder Menschen sind, darauf warte ich«, meinte Vallejo. »Ich kehre erst zurück, wenn ich in Europa genügend brilliert habe, als berühmter Komponist, um in Lima das Ballett aufzuführen, das erst hier Triumphe feiern wird. Sonst sollen sie dort lieber weiter auf mich warten. Um in irgendwelchen Provinzschulen Musik zu unterrichten und mich lebendig begraben zu lassen, dafür gehe ich nicht.«

Und ohne Übergang fuhr er im Gespräch fort, weiter als erwartet:

»Ich weiß, daß Sie böse auf mich sind«, sagte er und rührte langsam in der Sauce, die schon zu blubbern begann.

War das ein Manöver, um mich vollends zu entwaffnen? »Ja, Sie waren böse, leugnen Sie es nicht. Böse, weil Sie meinen, ich komme und stehle Ihnen die Zeit, die Sie zum Schreiben brauchen. Aber Sie irren sich, denn das Ballettlibretto ist wichtig, sehr wichtig für Ihre Karriere als Schriftsteller. Auch wenn es, das gebe ich zu, noch wichtiger für mich selbst ist. Und ohne Sie bin ich verloren. Die musikalischen Ideen habe ich sehr klar hier drin« – er zeigte auf seinen Kopf, mit der gleichen Hand, in der er den Löffel hielt –, »aber keinerlei dichterische Phantasie.« Die Geschichte würde einzig und allein meine sein; und sie würde mich mehr als berühmt machen. Meine, außer den Ideen, die er mir bisher gegeben hatte, und die er mir gern weiterhin geben würde, vorausgesetzt natürlich, ich sei einverstanden.

Außerdem, fuhr er fort, war er ja kein Aufschneider, wie ich vielleicht meinen könnte. Und weil er die Hände voller Spaghettisauce hatte, zeigte er mit einer Grimasse seiner wulstigen Lippen auf seine Hemdtasche, wo ein zweifach gefaltetes Blatt Papier steckte, und bat mich es herauszuziehen, es auseinanderzufalten, es zu lesen: Es war eine Fotokopie, eine von denen, wie sie damals gemacht wurden, auf gräulichem Papier, unangenehm anzufassen und mit säuerlichem Geruch, von einem zehn Jahre alten Dokument, mit dem bescheinigt wurde, daß Vallejo an der Accademia di Santa Cecilia eingeschrieben war. Eine Immatrikulationsbescheinigung, kein Diplom, wie ich mich gleich anzumerken beeilte.

Er aber sagte: »Ein Musiker hört nie auf zu lernen. So wie es auch kein Dichterexamen gibt, so gibt es auch keine Komponistenexamen. Niemand kann über Gott geprüft werden, und Gott ist der Schöpfer des Universums, jeden Universums. Haben Sie den *Doktor Faustus* gelesen? Nicht den von Goethe, das ist nur der Vorläufer; den von Thomas Mann, den als Vorlage für seinen *Doktor Faustus* Schönberg genommen hat, ein einzigartiges Genie, auch wenn er zu nichts nutze ist, weil ihn niemand mag; die Zwölftonmusik, da stimme ich zu, ist eine echte Nervenprobe. Aber dennoch ist Schönberg ein Genie, das unbekannte Welten entdeckt. Und Thomas Mann, noch so ein Genie, legt dieses Genie frei. Ein richtiges Paar Dummköpfe, was?«

Vallejo verstand es, die Spaghetti so zu kochen, daß sie genau die al-dente-Festigkeit hatten, ganz anders als das Debakel jener unförmigen Teigmassen, die manch einer der Latinostudenten zustande brachte, wenn ich als Ehrengast an ihren sonntäglichen Zusammenkünften in einer ihrer Wohnungen teilnahm, Spaghetti oder halb rohe oder halb verbrannte Pizzas, irgendein Versuch lateinamerikanischer Kochkunst und immer lauwarmes Bier unter endlosen, meist schreiend geführten Diskussionen über die Zukunft Lateinamerikas, Cuba sí, Yankees no, Che Guevara eins, zwei, drei, Vietnam ist die Parole, Salvador Allende: Früher oder später öffnen sich die breiten Alleen … und die authentische Revolution von General Velasco Alvarado, die schon dabei war, auseinanderzufallen.

Doch nicht weil er mich nicht mehr zur verbotenen Zeit besuchte und sich an meinen Stundenplan anpaßte, noch weil er mich lehrte Spaghetti zu kochen (die einzige kulinarische Fähigkeit, der ich mich noch rühmen kann), noch weil er links war und an authentische Revolutionen glaubte, begann ich, mich selbst davon zu überzeugen, daß ich nichts verlor, wenn ich das Libretto für sein Ballett schrieb, kaum ein paar Tage, ein Wochenende, die Stunden, die ich der Korrespondenz mit den Freunden widmete. Auch war es inzwischen nicht mehr, um ihn loszuwerden. Nein. Ich mußte ihm helfen: Das war meine Überzeugung (war sie das wirklich?), solidarisch, hilfsbereit, menschenfreundlich, wie immer man es nennen mag. Vallejo brauchte dieses Libretto, er litt Hunger. Woher hatte Vallejo mit seinen kaputten Schuhen und verschiedenen Strümpfen das Geld, um im Supermarkt einzukaufen, wo er jetzt immer mit einer Plastiktüte in der Hand erschien?

Und wenn stimmte, was er sagte, daß nämlich der besagte Assistent des Operndirektors, der nach und nach wieder in seinen Erzählungen aufgetaucht war, ihm einen endgültigen Termin für die Ablieferung des Librettos gesetzt hatte? Sonst könne die Aufführung nicht in das Programm des kommenden Herbstes aufgenommen werden. (Und der Erfolg? Der glanzvolle Ruhm?)

An diesem Sonntag, von dem ich berichtet habe, als wir am Checkpoint Charlie die Grenze überquerten, gingen wir zu einer Aufführung des *Corolianus* von Bertolt Brecht in der Volksbühne, mit Eintrittskarten fürs Parkett, die uns Carlos Rincón besorgt hatte, der auf der anderen Seite wohnte und herüberkam, um uns einzuladen. (Vallejo, der gerade zu Besuch da war, lud sich selbst ein, aber ich wehrte mich nicht; Tulita, die es haßte, die Grenze zu überqueren, wollte nicht mitkommen.)

Es spielte Karl Maria Brandauer, der beste Schauspieler Europas, wie Vallejo meinte, und ich stimme zu:

der Beste, lange bevor er durch seine Rolle im Film *Mephisto* bekannt wurde. Doch war dieser Film noch nicht gedreht, und wir haben ihn nie zusammen gesehen. Obwohl er mir am Ende der Aufführung etwas sagte, das auf Brandauer gepaßt hätte: Von einem vielleicht weit entfernten Sitz im Theater aus war es nicht möglich, sich der Ausdrucksvielfalt eines Gesichts anzunähern, das zur Unterschiedlichkeit geboren und erzogen worden ist. Das gestattete nur ein Close-up. Und wenn es nötig wäre, die Existenz des Kinos zu rechtfertigen, dann wäre dies ein ausreichender Grund.

Hatte ich die *Spielregeln* von Jean Renoir gesehen? (Hatte ich nicht; doch Monate nach dieser Unterhaltung, kurz bevor wir Berlin verließen, sah ich, daß der Film im Arsenal gezeigt wurde, in einer Retrospektive des französischen Films zwischen den Weltkriegen, und sah ihn mir an.) Also, wenn Sie den sehen, achten Sie mal auf Marcel Dalio, diesen Wanderzirkusclown, den sich Renoir suchte, um die Rolle des Marquis de Chesnaye zu spielen; da gibt es eine Szene, in der er seinen Gästen eine wunderbare Spieldose zeigt, sein schönstes Stück, denn er sammelt Spieldosen, als Hobby eines reichen Müßiggängers. Niemand, der ihn da gesehen hat, kann dieses Gesicht vergessen, das gleichzeitig Stolz und Bescheidenheit zeigt, während die Spieldose eine Melodie spielt, einen Walzer von Strauss, etwas von Monsigny?

»Das Kino, das sind nicht nur Gesichter«, erwiderte ich. »Wenn es darum ginge, dann könnte man vor der Bühne eine große Lupe aufhängen, und das Problem wäre gelöst. Das Kino besteht aus Bildern. Nicht einmal aus Worten.«

Er blieb stehen und überlegte lange, als hinge von der Antwort, die er mir geben würde, sein Leben ab.

»Einverstanden. Doch ist das Kino dennoch eine Bühnenkunst«, antwortete er schließlich. »Obwohl mir klar ist, daß die einzige wirkliche Bühnenkunst das Theater darstellt. Die Oper dagegen ist lächerlich: Die Kavaliere und die Heldinnen sind unförmig dick, mit breitem Brustkorb, weil die Brust ihr Musikinstrument ist. Vor jeder Vorstellung schaufeln sie Nudeln in sich hinein, um Energie zu tanken, wie die Langstreckenläufer. Alles ganz anders als im wirklichen Leben, denn tragische Paare sind nie so. Leidenschaftliche Liebhaber sind spindeldürr, Haut und Knochen. Und außerdem wird das wirkliche Leben nicht gesungen, mein Lieber. Wo hat man denn gesehen, daß eine sterbenskranke Schwindsüchtige wie die Mimi aus *La Bohème* oder die Violeta aus *La Traviata* in der Lage wäre, so die Stimmbänder anzustrengen? Und dann noch, wenn sie dabei im Bett liegt!«

»Das wirkliche Leben wird auch nicht getanzt«, meinte ich, »weshalb wollen Sie also dann ein Ballett komponieren?«

»Oh, das ist etwas anderes!«, protestierte er. »Ich habe Ihnen ja schon gesagt, daß mich ein Ballett von Meerjungfrauen oder Nußknackern wie aus den Trickfilmen von Walt Disney nicht interessiert, oder mit Dornröschen und weibischen Prinzen mit so engen Höschen, daß man den Abdruck der Eier sieht, welch nutzlose Ausstattung. Ich verabscheue dieses falsche Ballett. Für mich ist Tanz Ritual. Wir müssen Europa zeigen, was der wirkliche Wert des Tanzes ist, es ist das Universum, das ihn schafft. Unsere amerikanische Vorstellung vom Universum. Das Gute gegen das Böse, die Dunkelheit gegen das Licht. Die wahrhaftige Zivilisation.«

»Das sind alte Hüte«, antwortete ich. »Der *Facundo* von Sarmiento, der *Ariel* von Rodó. Kalter Kaffee.«

»Aber nein«, protestierte er wieder. »Diese Opas glaubten ja noch an die europäische Zivilisation. Ich spreche davon, Caliban zu erlösen. Caliban ist der wirkliche amerikanische Held.«

»Der gute Wilde?«

»Nein, nein. Ich rede nicht von akademischen Diskussionen, das hat nichts mit gutem Wilden, schlechtem Wilden oder Halbwildem zu tun. Ich spreche von einem großen Feuersturm, der das ganze ungerechte Universum in Brand setzt und es reinigt. Passen Sie auf: Am Schluß des Librettos müssen Sie deutlich machen, daß die Volksmassen in den Palast der Dunkelheit eindringen und ihn im Sturm nehmen. So beginnt die wirkliche Zivilisation.«

Ich wollte schon loslachen, doch ich lachte nicht, antwortete ihm aber auch nichts. Schließlich und endlich war dieser Vallejo nicht nur links, sondern auch platt propagandistisch. Mir juckte die Zunge, ihn zu fragen: Und diese indianischen Massen, sollen die Hunderte roter Fahnen schwenken, wenn sie den Palast einnehmen?

Wieder einmal begann ich bei diesem Gerede, manchmal so hellsichtig, manchmal so populistisch, wie jetzt, da er von den Massen auf der Bühne sprach, der Qualität seiner Musik zu mißtrauen, die ich nicht kannte. Ich hatte noch nie etwas von ihm gehört. Was für Musik komponierte Vallejo wohl? Er aber antwortete mir, als habe er mich denken gehört:

»Das Beste, was ich je geschrieben habe, ist ein Trio für Klavier, Cello und Quena-Flöte. Doch ein solch monumentales Werk wie dieses, ein Ballett, das habe ich noch nie probiert. Bis jetzt. Apropos Ballett: Ich habe es geschafft, den *Popol-Vuh* aus der Iberoamerikanischen Bibliothek zu entleihen. Morgen bringe ich Ihnen das von Ihnen erwähnte heilige Buch der Quiché-Mayas, ich bin gespannt, welche neuen Einfälle Sie da bekommen. Man wollte es mir erst gar nicht geben, ich mußte eine Verpflichtung unterschreiben, es binnen einer Woche zurückzubringen.«

Was er mir dann brachte, war eine einfache, kostenlose Schulausgabe von Adrián Recinos, herausgegeben vom Erziehungsministerium in Guatemala im Jahre 1952, zur Zeit der Revolutionsregierung von Jacobo Arbenz. Doch der geheimnisvollen Zeremonie nach zu urteilen, mit der er mir das Buch überreichte, hätte man meinen können, es handele sich um das Originalmanuskript der spanischen Übersetzung von Fray Francisco Ximénez, des Priesters und Missionars des Königlichen Patronats von Santo Tomás de Chuila, angefertigt im Jahre 1722 »zur größeren Bequemlichkeit der Diener des Heiligen Evangeliums«, die nicht wie er das Glück hatten, die Quiché-Sprache zu sprechen.

»Sehen Sie, mein Lieber«, sagte er bei der gleichen Gelegenheit, »ich weiß, daß es Ihnen nicht gerade gut geht, ich hab da etwas für Sie.«

Aus Bruchstücken unserer Unterhaltung hatte Vallejo, während er immer häufiger kam, geschlossen, daß unsere finanzielle Lage nicht besser wurde. Das neue Stipendium wollte nicht kommen, und von einem Notprogramm waren wir zu einem weiteren, noch schärferen, übergegangen.

Jenes Etwas war ein Vortrag, den er mir in Siemensstadt besorgt hatte, dem großen Industrieimperium der Siemens AG hinter Charlottenburg, in der Nähe des Tegeler Sees, wo ich am folgenden Sonntagabend, im Wechsel mit einer chilenischen Musikgruppe, lesen sollte. Zweihundert Mark wollte man mir für den Vortrag zahlen. »Die Fabrik wird mit riesigen Subventionen aufrechterhalten, um die Illusion zu schaffen, Berlin sei immer noch ein industrielles Zentrum, mein Lieber, ein großes Schaufenster des Wirtschaftswunders auf dieser Seite der Mauer, um den Sozialismus ohne Neonreklame auf der anderen Seite noch ärmer und trauriger aussehen zu lassen. Subventionierte Fabriken, subventionierte Touristen. Sind Ihnen schon mal die Reisebusse aufgefallen, die durch die Straßen fahren, als seien sie voller Touristen? Na, das sind keine Touristen, sondern alte Leute, die sich die Stadtverwaltung in den Altersheimen besorgt. Und ausländische Schriftsteller und Künstler werden auch subventioniert, damit sie kommen und hier wohnen.«

»Ich bin kein subventionierter Schriftsteller«, reagierte ich beleidigt.

»Was macht das schon, mein Lieber? Nehmen wir, was wir kriegen können vom dekadenten Westen. Ich möchte auch mal so subventioniert werden, einfach dafür, daß ich helfe, einen Bus voll zu machen.«

Wie sollte ich Vallejo, trotz seiner Frechheiten, nicht die willkommene finanzielle Unterstützung danken, die er durch seine Kontakte in Siemensstadt hatte bekommen können? Niemand in Berlin kannte Vallejo? Der Mythos begann sich zu verflüchtigen. Ein einfacher Mann, sicher, doch hatte er gewissen Einfluß, Tulita; wenn ihm die so mächtige Siemensstadt Gehör schenkte: Weshalb sollte man ihm dann nicht auch in der Deutschen Oper Gehör schenken?

Zur verabredeten Stunde kam er mich abholen, der Renault kam zum ersten Mal seit Wochen wieder auf die Straße hinaus, am Bahnhof Zoo holten wir die chilenischen Musiker ab und kamen pünktlich am Veranstaltungsort in Siemensstadt an, trotz der Verzögerungen durch die Kontrollen der Sicherheitskräfte und die Instrumente schleppend, weil wir den Renault weit weg auf einem Außenparkplatz stehen lassen mußten.

Im Saal selbst, einer kleinen Ecke im Bibliotheksgebäude, das wir endlich nach langem Irren über das Betriebsgelände fanden, hatte sich eine Zuhörerschaft von dreizehn Personen versammelt, alles pensionierte Angestellte von Siemens. (Nie vergesse ich die Frau in der ersten Reihe, so rot und dick wie eine frisch gekochte Kartoffel, die während der gesamten Veranstaltung nicht aufhörte zu stricken.)

Auf deutsch las ich kaum vier Seiten über Miguel Ángel Asturias, nachdem ich akzeptiert hatte, daß es unmöglich war, die zehn geplanten Seiten zu schreiben, bis spät in die Nacht hinein hatte ich versucht, die deutschen Sätze zu formulieren, die Vallejo alle ganz neu schreiben mußte, Vallejo, der gescheitert und bettelarm sein mochte, doch das Deutsche so gut sprach und schrieb wie Italienisch.

Nach der Veranstaltung stürzte sich Vallejo in einen Streit mit dem jungen Vertreter der Öffentlichkeitsabteilung von Siemens, der uns das Honorar nicht zahlen wollte. Mehr denn je wie ein aufgebrachter Freistilringer aussehend, umrundete er ihn mit heftigen Schritten, die Borsten seines widerspenstigen Haars standen ab wie bei einem Stachelschwein, während das blonde Milchgesicht, mit feindseligem Zweifel, die Umschläge mit unserem Honorar in der Hand hielt.

Endlich kehrte Vallejo zu uns zurück, mit den Umschlägen in der Hand. In dem meinen lagen zweihundert Mark in neuen, frisch gedruckten Scheinen, wahre Meisterwerke deutschen Druckhandwerks (war ein Stich von Dürer oder Schiller auf diesen Scheinen?). Obwohl er uns, höflich wie er war, nichts über den Grund des Streits erzählte, wurde ich den Verdacht nicht los, daß der milchgesichtige Blonde die Qualität der Vorstellung in Frage gestellt hatte, ein allzu kurzer Vortrag, noch dazu in tropischem Deutsch, und eine Musikgruppe, die nicht besonders gut spielte, denn zu jener Zeit wählten beinahe alle Exilchilenen in Berlin als beste Möglichkeit, Geld zu verdienen, diejenige, als Musiker aufzutreten, schwarz gekleidet wie die berühmte Gruppe Quilapayún, mit Trommeln, Pauken, Lauten und Quena-Flöten.

Als die chilenischen Musiker am Bahnhof Zoo wieder ausgestiegen waren, wo auch Vallejo aussteigen mußte, gab ich ihm, bevor wir uns verabschiedeten, die *Popol-Vuh*-Ausgabe zurück und überreichte ihm dann das Libretto, wobei ich die Überraschung vorhersah, die sein Gesicht verändern würde, die Freude, die er nicht würde unterdrücken können. Doch alles, was er tat, war, mit entschlossener Geste die Hand auf den braunen DinA4-Umschlag zu legen, fast wie mit einem Prankenhieb und ohne hinzusehen, so, als handle es sich um die verabredete Bezahlung für eine Drogenlieferung.

»Ich wußte, daß Sie Wort halten«, sagte er. »Lassen Sie mich das jetzt in Ruhe lesen, morgen rufe ich Sie an. Es wird sicherlich Änderungen geben müssen.« Und nachdem er geseufzt, mich angeschaut und gelächelt hatte, all dies ziemlich herablassend, stieg er aus dem Renault, wobei er darauf achtete, die Tür besonders sanft zu schließen, und verschwand im Eingang der U-Bahn.

Heute ist der 20. Dezember, Sonntag in Managua. Ein ruhiger Sonntag, schon gefangen in der Trägheit der Weihnachtsferien, die erst am 4. Januar des kommenden Jahres enden werden (heute morgen habe ich im *Nuevo Diario* eine Agenturmeldung von EFE über diese Ferien gelesen: Eins der ärmsten Länder Lateinamerikas erlaubt sich den Luxus der längsten Weihnachtsferien des Kontinents); ein Sonntag, an dem man schreiben und nach alten Schriftstücken suchen kann. Und bevor ich mit dieser Geschichte weitermache, die ich zwischen den vielen Unterbrechungen und Überraschungen begonnen habe, die mir das politische Leben beschert, habe ich den Schrank mit den alten Papieren geöffnet, die mit mir von Nicaragua nach Costa Rica, von Costa Rica nach Deutschland, von Deutschland wieder nach Costa Rica und von Costa Rica zurück nach Nicaragua gereist sind, aus dem Exil in die Revolution, um die Schreibmaschinenabschrift des »Libretto für Ballett« zu suchen, die ich auch schließlich gefunden habe.

Bevor ich weiterschrieb, wollte ich es lesen, ich las es und bin jetzt noch nicht entschieden, ob es wie ein Anhang am Ende stehen wird, ohne irgendwelche Veränderungen oder Retuschen, so, wie ich es damals geschrieben habe – dachte ich dabei wirklich, ich entledigte mich einer Pflicht? Ich täte einem Freund einen Gefallen, den ich lieb gewonnen hatte oder mit dem ich nur Mitleid hatte? Ich könnte selbst mein Glück versuchen? Erfolg haben? Ruhm und Ehre?

Jetzt, wo ich das Geschriebene noch einmal lese, muß ich berichtigen: Ich habe die ganze Zeit von einem Libretto für Ballett gesprochen, doch wurde es das nie, vielleicht, weil ein solches Vorhaben, genau wie ich es Vallejo auch zu Beginn gesagt hatte, außerhalb meiner Möglichkeiten lag. Es handelt sich um etwas sehr Knappes, das eher dem Untertitel entspricht, den ich ihm damals in Klammern beifügte: Dramatischer Entwurf für ein Ballett.

Vallejo wollte ein Thema aus der indianischen Kosmogonie, und da hatte er es: *People's Book, Volksbuch, Popol-Vuh,* so scherzte ich, so scherzte er an jenem Abend im Renault, als ich ihm die Ausgabe von Recinos und das Libretto übergab; vielleicht stammten wir gar nicht von den Mongolen ab, sondern von den Germanen. Unsere Muttersprachen schienen miteinander verwandt zu sein.

Damit alle seine Wünsche erfüllt waren, gab es am Schluß des Librettos sogar die Erstürmung des Palastes der Dunkelheit durch die Volksmassen. Nach ihrer Befreiung stiegen die rächenden Prinzen, Hunahpú und Ixbalanqué, zum Himmel empor, der eine in die Sonne, der andere in den Mond verwandelt; und die Tausenden von der Tyrannei Ermordeten fuhren als ihr Sternenschweif mit ihnen. Er mußte diesem Sieg und der folgenden Himmelfahrt die Musik beigeben, ein Crescendo-Finale schaffen, in dem keines der Instrumente des Symphonieorchesters untätig bliebe.

Vallejo erschien am folgenden Nachmittag, nachdem er sich telefonisch angemeldet hatte, und diesmal erwartete ich ihn mit großem Vergnügen. Unsere Unterredung war sehr professionell; in einem karierten Heft hatte er alle wichtigen Fragen aufgeschrieben und mit einem Bleistift sehr sorgfältig seine Bemerkungen auf den Rand der Seiten meines Librettos notiert. Wir arbeiteten bis spät abends, und nicht ein einziges Mal lobte oder kritisierte er meinen Text, sondern beschränkte sich darauf, zu fragen und aufzuschreiben (einige seiner Fragen waren eigene Zweifel über die Aufführung): Die Prinzessin Ixquic sollte von einer Gruppe Jungfrauen begleitet werden, wenn sie sich dem Baum mit den Köpfen nähert; könnte der Baum der Köpfe lebendig sein, könnte es ein Tänzer sein? Wenn der Kopf den Speichel in die Hand von Ixquic spuckt und sie schwängert, dann könnte ein gemächlicher Rhythmus beginnen, der sich langsam zu einem frenetischen steigert (Fruchtbarkeitstanz); die Tänzer der Wildkatzengruppe könnten, als Masken und Kostüme, Köpfe und Felle von Tigern tragen; die Tanzgruppe der Uhus ziehen wir grau an, mit Masken, in denen gelbe Augen glänzen; die Herrscher von Xibalbá sind die Herrscher der Hölle: Wir müssen in den Büchern über die Mayas Stelen oder Vasen suchen, auf denen sie dargestellt sind, um ihre dämonischen Gewänder nachzuahmen; sowohl die Brüder Hun-Hunahpú und Vucub-Hunahpú, die zunächst den Listen der Herrscher von Xibalbá erliegen, als auch die Brüder Hunahpú und Ixbalanqué, die von Ixquic durch den Speichel von Hun-Hunahpú empfangen werden, müssen fast nackt tanzen; hier dürfen die Körper in ihrer Ausdruckskraft durch nichts gestört werden.

»Gut, jetzt fehlt nur noch die Übersetzung.« Vallejo nahm einen tiefen Atemzug.

Inzwischen war es Anfang Juni geworden, und die Sonne zeigte sich immer öfter im bewölkten Berliner Himmel. Vallejos hohle Schritte wollten nicht auf der Treppe klingen, auch rief er nicht an, und mich begann Unruhe zu erfüllen. In mir stritten auf der einen Seite die verletzte Eitelkeit – ob Vallejo selbst oder die Leute von der Deutschen Oper nichts Wertvolles an meinem Text fanden? – und auf der anderen Seite eine gewisse heimliche Hoffnung: das, was diese Arbeit in D-Mark bedeuten konnte. In der Oper wurde gut gezahlt, hatte Vallejo mich wissen lassen, Summen, von denen ich nicht einmal zu träumen wagte. Von Karajan besaß eine Villa in den Schweizer Alpen, ein Schloß in Österreich, sein eigenes Flugzeug, obwohl die Philharmonie noch nicht einmal so reich war wie die Oper. Für die Oper war es kein Problem, einen Jumbo-Jet zu chartern, um aus Bombay Elefanten zu holen, die nur an einem einzigen Abend für die Aufführung von Aida gebraucht wurden.

Das neue Stipendium kam immer noch nicht. Eines Abends ging ich mit einer Gruppe von Studenten aus Lateinamerika in ein Lokal in der Nähe der Kantstraße, das von einem Nicaraguaner mit dem Nachnamen Arjona geführt wurde, der sein Studium der Elektrotechnik an der Technischen Universität längst an den Nagel gehängt hatte. Ich hatte die Einladung angenommen, weil Arjona, wie man mir sagte, die Geschichte zweier Studenten gut kannte, auch sie Nicaraguaner, die sich in den sechziger Jahren zugetragen hatte. Die beiden verschwanden, als sie mit dem Auto von München nach Berlin unterwegs waren, und ungefähr ein Jahr später wurden ihre Leichen, beinahe vollständig skelettiert, halb vergraben in einem Tannenwald an der Autobahn nahe Magdeburg, in Ostdeutschland, gefunden. Diese Begebenheit erzählte man sich immer wieder unter den lateinamerikanischen Studenten, mit dem geheimnisvollen Beigeschmack von Spionagegeschichten, was logischerweise mein Interesse weckte. Und Arjona, der mit den Verschwundenen befreundet gewesen war, kannte sie aus erster Hand. Einer der beiden, ein Rothaariger, war anhand der Reste kupferfarbener Locken am kahlen Schädel identifiziert worden.

Doch machte ich an diesem Abend aus dem Geheimnis nur noch ein größeres, denn nach anfänglicher Offenheit begann Arjona schweigsamer zu werden, Daten zu verbergen oder zu vergessen, und schließlich entschuldigte er sich, weil er die Gäste bedienen mußte, gerade so, als bereue er, daß ihm die Zunge durchgegangen war. Ob er vielleicht aber auch nur so tat, als bereue er es, als Teil seiner Show – ich weiß es nicht und konnte es auch nie herausfinden, denn weder ging ich noch einmal in sein Lokal, noch sah ich ihn je wieder. Doch kurz vor Mitternacht, als die Musiker der Combo, die an jenem Abend spielen sollten, auf das kleine Podest aus Holz stiegen, entdeckte ich im Zwielicht eine Figur, die sich auf ihrem Stuhl niederbeugte, um ihr Instrument aus dem Kasten zu holen, der auf der Bühne lag, eine Klarinette, vielleicht eine Flöte; eine Figur wie ein pensionierter Freistilringer, mit rebellischen, vaseline-gebändigten Borsten, die sich vor der Dunkelheit abhob.

Ich verließ meine Gruppe und ging Richtung Bühne, doch als ich dort ankam, war die Figur nicht mehr da. Die Combo, die aus Venezolanern und Dominikanern bestand, begann mit ihrem Konzert, und es fehlte kein Musiker in der Gruppe. In der ersten Pause ging ich wieder zu ihnen und fragte sie, ob nicht ein Peruaner bei ihnen mitspiele. Sie sahen sich gegenseitig an, dann verneinten sie, obwohl ich auch bei ihnen, wie schon bei Arjona, so etwas wie Geheimniskrämerei in ihren Antworten zu erkennen glaubte und auch in dem Scherz, mit dem schließlich einer von ihnen auf meine Frage reagierte: »Die Musik aus den Tropen dringt nicht so weit«, meinte er. Kein Andenbewohner konnte die Maracas richtig schütteln, und die Quena-Flöte klang sehr traurig für karibische Sandalen.

Schützten sie etwa Vallejo mir gegenüber, auf seine Anweisung oder Bitte, weil er sich nicht als irgendein Musiker einer drittklassigen Combo entdeckt sehen wollte und, auf sein Honorar verzichtend, aus dem Lokal geflohen war? Das Honorar, mit dem er die Spaghetti kaufte, die er uns mitbrachte, den Parmesankäse, die Dosen italienischer Tomaten?

Noch vor sieben Uhr am nächsten Morgen, eine ungewöhnliche Zeit, rief Vallejo an. Tulitas Ruf drang über den ganzen Flur zu mir ins Schlafzimmer, wo ich gerade mit dem Anziehen fertig war, und ich ging zum Telefon, ohne Hast, doch mit unruhiger Erwartung. Als ich den Hörer aufnahm, hörte ich eine ganze Weile ein heiseres, herzzerreißendes Husten, das sich schließlich beruhigte, und er sagte »Hallo« und bat tausendmal um Entschuldigung, er war krank gewesen, man hatte ihn sogar für eine Woche ins Moabiter Krankenhaus einge-wiesen (und das alles wollte mir schon wieder gelogen vorkommen, der Husten geheuchelt, die Krankenhaus-geschichte auch geheuchelt, Ausreden, um sein Ver-schwinden zu rechtfertigen. Warum haben Sie sich denn gestern Abend vor mir versteckt, wollte ich ihn fragen. Meinen Sie, es macht mir was aus, daß Sie ihren Unter-halt als Musiker in einer Combo verdienen?). Doch ge-stern bei seiner Rückkehr habe er sich schon wieder so gut gefühlt, daß er zu Fuß vom Krankenhaus zu sich nach Hause gelaufen sei, wo er einen Brief vorgefunden habe, den er mir vorlesen wolle: Das Libretto, das Val-lejo selbst ins Deutsche übertragen hatte, war völlig zu-friedenstellend, sagte da der Direktor der Deutschen Oper höchstpersönlich, und er (Vallejo) könne jetzt sei-nerseits damit beginnen, die Partitur zu komponieren (sofort gestern habe er mit der Arbeit begonnen), sobald die Verträge mit dem Librettisten (ich) und dem Kompo-nisten (Vallejo) unterzeichnet seien, während man schon daran gehen könne, den Choreographen und den Büh-nenbildner zu wählen, etc.

Insgesamt gab man uns für den kommenden Tag einen Termin im Büro des Direktors der Oper (einen

Termin, den sich Vallejo noch am gestrigen Nachmittag zu bestätigen beeilt hatte, weil schon so viele Tage zwischen dem Eintreffen des Briefes und seiner Rückkehr aus dem Krankenhaus vergangen waren). Gestern Abend habe ich angerufen, aber Sie waren nicht da, meinte Vallejo mit erschöpfter Stimme am anderen Ende der Leitung (und später bestätigte mir Tulita, daß es stimmte, Vallejo hatte tatsächlich angerufen. »Gegen Mitternacht?«, fragte ich Tulita, immer noch voller Mißtrauen. Ja, fast wäre sie vor Schreck gestorben, Anrufe um Mitternacht melden immer eine Katastrophe).

»Sie wissen ja, wie formell die Deutschen sind, zu dieser Art von Terminen muß man korrekt gekleidet gehen«, meinte er am Schluß der Unterredung. »Es handelt sich um den Direktor der Deutschen Oper höchstpersönlich.«

Der Termin war um fünf Uhr nachmittags. Um viertel vor fünf wollten Vallejo und ich uns auf der Eingangstreppe der Deutschen Oper treffen.

»Ich gehe da nur hin, weil ich mich so gern auf den Arm nehmen lasse«, sagte ich zu Tulita. Sie zog es vor zu schweigen.

Um drei Uhr nachmittags begann ich mit den Vorbereitungen, putzte meine Schuhe, ließ mir die Haare schneiden von Tulita, die außerdem meinen dunklen Anzug bügelte, und band mir zum ersten Mal seit Monaten eine Krawatte um. (Vallejo hatte mehr als Recht, als er mir riet, formell gekleidet zu erscheinen, damit hatte ich schon das Jahr zuvor meine Erfahrungen gemacht, als ich Tito Monterroso zu einem Gespräch im Ibero-amerikanischen Institut begleiten mußte, er bestens angezogen und ich in Cordhosen und Pullover, mit langem Haar, wie es zu Beginn der siebziger Jahre üblich war; der Direktor bot Tito Kaffee an, man brachte zwei Tassen auf einem Tablett, für Tito und für den Direktor, bis Tito, der mich schon vorgestellt hatte, auf die Idee kam, meine Gegenwart in Erinnerung zu bringen, indem er einen Satz mit: »Doktor Ramírez...« begann – einem Zaubertitel in Deutschland –, und dann brachte man auch mir eine Tasse Kaffee.)

Viertel vor fünf kam ich aus der U-Bahnstation Bismarckstraße, zehn vor fünf stand ich auf der Treppe zur Deutschen Oper. Was geschah jedoch wohl? Vallejo kam überhaupt nicht. Als es nach fünf Uhr war (»Seien Sie bitte pünktlich, mein Lieber, in Deutschland kommt man nicht zu spät zu einer Verabredung, die wird einfach gestrichen und fertig!«), machte ich mir nicht einmal die Mühe, beim Pförtner zu erfragen, ob der Termin tatsächlich im Tagesplan vermerkt war, und beschloß lieber noch einmal, auf der Suche nach Ruhe und Frieden, mit der ich wie mit einer Grabplatte Zorn und Frustration zudecken konnte, daß alles eine Lüge war, daß alles von Beginn an eine Lüge gewesen war. Und ich sagte mir, daß ich keine weitere Lüge Vallejos akzeptieren würde, wenn er wieder auftauchte, auch wenn er wieder Tüten aus dem Supermarkt mitbrächte oder wieder anrufen sollte, für immer befreit von dieser unnützen Last machte ich, weil ich kein Geld hatte, einen weiten Bogen um die Schaufenster der Buchhandlung »Marga Zehler«, wo die Kunden schweigend durch die in sanftes Licht getauchten Gänge wandelten, und stieg wieder in den U-Bahneingang der Bismarckstraße, aus dem ich gekommen war, tauchte ein ins Meer der Menschen, wurde fortgespült vom Meer der Menschen zum anderen Ufer, mein Ufer der Helmstedter Straße, wo mich der Roman erwartete, den ich beenden mußte, und wo es keinen Vallejo gab, der mich erwartete und es auch nie mehr einen Vallejo geben sollte.

Tulita und ich schlossen an jenem Abend das Kapitel Vallejo unter verhaltenen Vorwürfen, wie die Gewitter, die man in Nicaragua in der Ferne grollen hört, weil es weit weg regnet, woanders, und fanden an der Geschichte schon lustige Seiten, die einzigen, die von ihr zwischen uns überdauern sollten, wenn wir Jahre später an sie dachten.

Und vor allem deshalb, weil am nächsten Morgen der Frühling strahlender als je zuvor anbrach: Auf dem Parkett lag ein Eilbrief des Chefs des Fachbereichs für Spanische Literatur der Universität Köln, der das neue Stipendium verwaltete, das die Heinrich-Hertz-Stiftung mir für ein weiteres Jahr gewährte. Ich mußte nach Köln

reisen, um den Vertrag zu unterschreiben, eine Tages-
reise, ich mußte mir nur bei irgendeinem Freund, und
das war dann Carlos Rincón, das Geld für das Flugticket
borgen, und schon im Juni würde auf meinem Bankkonto, pünktlich und zuverlässig, der monatliche Betrag
einzutreffen beginnen.

Wieviel Zeit verging danach? Der Frühling ging,
und die Sommertage begannen sich in die ersten Abend-
stunden auszudehnen. Die Kinder spielten nackt in den
Sandkästen der Parks, vor dem Albrecht-Supermarkt
kochten die Hundehaufen in der Sonne, und die Pizzeria
Taormina am Prager Platz stellte ihre Tische unter rot-
weiß-grün-gestreiften Sonnenschirmen auf den Bürgersteig hinaus. Mein Roman hatte erneut Fahrt aufgenommen, meine Kinobesuche fanden wieder regelmäßig
statt, und auf Einladung von Peter bereiteten wir uns für
den Juli auf eine Fahrt im Renault in den Schwarzwald,
nach Hinterzarten vor. Und Ende Juni erschien im
Tagesspiegel die letzte Nachricht dieser Saison über die
erleuchteten Fenster; womit sich zu bestätigen schien,
daß dieses Frühjahr 1974 an sein Ende gelangt war.

Das helle Signal, jenes Irrlicht, das das letzte Mal,
ganz in der Nähe meiner Straße, in der Prinzregentenstraße, wie bei der Berührung eines Streichholzes die
Pastelltöne meines vorgestellten Stadtplans im Stadtteil
Wilmersdorf entzündet hatte, entfernte sich auf seinem
unsteten Weg und strahlte jetzt im Wedding, in einer an-

deren glanzlosen Straße, der Thomasiusstraße, das letzte Feuer, das fehlte, um jenen geheimnisvollen Kreis zu vollenden, den ich jetzt geschlossen funkeln sehen konnte, er kreiste wie eine Krone aus brennenden Sternen.

Dies war eine der heruntergekommensten Gegenden von Berlin, noch weiter weg als das Helgoländer Ufer, hinter einer dieser Schleifen des Kanals, auf dem die Schleppkähne Kohle und Baumaterial transportierten, eine kurze Straße, nur zwei, drei Blocks lang, gefangen zwischen den roten Backsteinmauern eines verlassenen E-Werks, das mit seinen neugotischen Fenstern eher aussah wie eine evangelische Kirche, und den Rückseiten von Lagerhallen, die ebenfalls verlassen dalagen. Am Ende der Straße erhoben sich zwei oder drei Mietskasernen, baufällig und rußgeschwärzt. Durch die dunklen Toreinfahrten schien aus ihren Innenhöfen ein kalter Wind zu wehen, trotz der kaum noch erkennbaren Sommerreklamen. Hinter der Kreuzung von Alt-Moabit, wo die Straße einen anderen Namen annahm, versteckte sich die kleine St. Johannis-Kirche in der Dunkelheit, gegenüber den Wachtürmen des Moabiter Gefängnisses; und noch ein wenig weiter, in der Turmstraße, lag das Krankenhaus.

Ich weiß das alles, weil ich eines Abends im Renault dorthin fuhr, um von weitem nach dem Fenster zu suchen, das in einem der zwei oder drei Gebäude der heruntergekommenen Straße seit Tagen gebrannt hatte.

Und ich meinte es zu entdecken, weil es das einzige war, das jetzt im Gegenteil nicht brannte, während die Familien von Supermarkt- und Büroangestellten, Bahnbeamten und Busfahrern beim Abendbrot saßen oder die *Tagesschau* sahen. Denn während ich die menschenleeren Bürgersteige entlangwanderte, drangen aus den offenen Fenstern die Geräusche von Tellern, Messern und Stimmen; und aus einem der Fenster beugte sich eine Frau übers Fensterbrett und rief zu einer Bande von Kindern, die an der Ecke unter der Straßenlaterne spielten: »Kinder! Kommt jetzt mal essen!«

Ein dunkles Loch wie ein blindes Auge, sein Schein fehlte an der Perfektion der Gesamtheit der Quadrate aus wohlig warmem Licht, die sich aus den Wohnungen über die grauen Wände breiteten. Später würden sie verlöschen und dem gleich werden, das jetzt blind lag, doch nächtelang bis zum Morgengrauen erleuchtet gewesen war, am Tag unbemerkt blieb, um bei Einbruch der Nacht wieder den anderen, leuchtenden, zu gleichen, und allein weiterzuleuchten, wenn die anderen verloschen, bis irgendein Anwohner, der früh morgens zur Arbeit ging, schließlich die Polizei anrief, man holte den Hausmeister, der hatte keinen Schlüssel, man besorgte eine richterliche Anordnung, damit ein Schlüsseldienst aus der Nachbarschaft die Tür aufbrechen konnte. Hatte einer der Polizisten das Licht der ärmlichen Wohnung ausgemacht, oder war es der Hausmeister gewesen, bevor er abschloß, nachdem alle gegangen waren, als der letzte Hammerschlag getan, der letzte Nagel in den Sarg geschlagen war und die Träger mit ihrer Last die Treppen hinunterstiegen bis zum Keller, wo schon der Leichenwagen wartete, unauffällig an der Tür zum Keller geparkt, wo die Kohlen lagern und in ihrem Versteck die Mülleimer aufgereiht stehen?

Vor jenem nächtlichen Ausflug hatte ich im Telefonbuch die Adresse des peruanischen Konsulats herausgesucht. Ich stellte fest, daß es sich im Europacenter am Ende des Kurfürstendamms befand, dem Hochhaus mit Büros und Läden, über dem sich ein riesiger Mercedes-Stern erhob. Das peruanische Konsulat war nicht mehr als eine Handelsvertretung oder so etwas, und der Direktor trug den Titel eines Ehrenkonsuls, so stand es auf dem Messingschild neben der Tür zu den Büroräumen. Niemand dort sprach Spanisch, niemand war bereit, sich die Fragen eines Nicaraguaners anzuhören, der sich in schlechtem Deutsch und ohne Grund nach einem einsamen Peruaner aus der Thomasiusstraße im Wedding erkundigte, einer Straße, die so nah beim Moabiter Krankenhaus lag, daß ein gerade Genesener den Weg gut zu Fuß zurücklegen konnte, niemand, der bereit war, meiner Geschichte von einem erleuchteten Fenster zuzuhören, das mehrere Tage lang die nun schon sommerlichen Nächte hindurch brannte, ein Quadrat sanft-gelblichen Scheins, das sich im spät und langsam sinkenden Dämmerlicht abzuheben begann, das auf Berlin niederfiel, während im noch leicht vom Tageslicht erhellten Himmel nach und nach die Sterne blinkten, ein Fenster, das bei Tagesanbruch verblich, während die Lampe neben dem kleinen Arbeitstisch weiterbrannte, wer sollte sie auch ausschalten, die Hand wie eine Kralle auf dem Maschinenmanuskript eines Librettos für Ballett und die Blätter Notenpapier, die kreuz und quer von der Frühlingsluft durcheinander gewirbelt wurden, die in unregelmäßigen Stößen durchs offene Fenster hereinblies, wer sollte es auch schließen:

DER BAUM DER KÖPFE
(Dramatischer Entwurf für ein Ballett)

I

Hun-Hunahpú und Vucub-Hunahpú sind zwei Prinzen, Brüder, meisterhafte Dichter, Tänzer und Sänger, perfekte Flötenspieler, geschickte Blasrohrschützen, vollendete Edelsteinschleifer und die gewandtesten Spieler im Ballspiel, dem heiligen Spiel der Quiché-Mayas. (Sie sind nackt und tragen nur einen farbenfrohen Schurz um die Hüften; ihren Kopf schmückt ein Kopfputz aus Quetzal-Federn.)

Sie sind Söhne der Prinzessin Ixmucané (Krone, Edelsteinhalskette, Armbänder) und stehen seit ihrer Geburt unter dem Schutz von Huracán, dem Gott des Himmels, der ihnen den heiligen Ball geschenkt hat, der sie unbesiegbar macht.

Der Ort, an dem die beiden Brüder wohnen, heißt Carcach (obere Plattform A: Haus ohne Fassade, Innenräume sichtbar; rechte Seite: Maisspeicher; davor: Ballspielplatz), über dem Reich der Hölle, Xibalbá (Untere Plattform B: Palast ohne Fassade, mit Innenhof, Innenräume sichtbar; linke Seite: das Haus der Foltern), wo zwei despotische Herrscher regieren, Huncamé und Vucub-Camé (schwarz gekleidet wie Geier).

Diese Herrscher der Dunkelheit halten ihre Untertanen unter der Knute, wobei sie von einer Horde Katzentiere unterstützt werden (nackte Brust, Kopf und Rücken mit Tigerfellen bedeckt), blutrünstige Schergen, die die Wanderer ausrauben und in Stücke reißen und die Menschenopfer und Folter ausführen.

Eine zweite Horde Diener der Herrscher von Xibalbá ist die der Uhus, der Boten der Nacht, Überbringer schlechter Nachrichten und von Todesurteilen. (Sie sind grau gekleidet, und in ihren Masken glänzen wie Edelsteine ihre gelben Augen.)

Die Herrscher von Xibalbá, die ebenfalls Ballspieler sind, erzürnen sich wegen des Lärms, den die beiden jungen Burschen bei ihrem Spiel über ihren Köpfen verursachen. Außerdem ärgern sie sich, als sie hören, daß es keine besseren Spieler als jene auf der Erde gibt. Doch vor allem bekommen sie Gier nach dem heiligen Ball, den die Burschen besitzen und der sie unbesiegbar macht.

»Was machen diese zwei auf der Erde? Wer sind die beiden, die die Erde erzittern lassen und soviel Lärm machen? Wie können sie es wagen, über unseren Köpfen zu spielen? Man lasse sie holen! Sie sollen hierherkommen und mit uns Ball spielen, hier werden wir sie besiegen! Sie achten uns nicht mehr! Sie haben keinen Respekt noch Angst vor unserem Stand!« So sprachen, so befahlen Huncamé und Vucub-Camé, die Herrscher von Xibalbá.

Und so schickten sie ihre nächtlichen Boten, die Uhus, um sie sehr höflich zu einem Wettkampf in Xibalbá herauszufordern, doch mit dem heimlichen Plan, sie zu töten und sich des heiligen Balls und der anderen Spielgeräte zu bemächtigen; Handschuhe und Schilde, Ringe, Kronen und Masken.

Die Brüder nehmen die Herausforderung an, verabschieden sich von ihrer Mutter Ixmucané und machen sich, begleitet von dem Schwarm der Uhu-Boten, auf die Reise ins Reich von Xibalbá, jedoch ohne den heiligen Ball mitzunehmen, den sie in einer Nische des Dachbodens ihres Hauses versteckt zurücklassen, dem Maisspeicher (rechte Seite von Plattform A). Nur Ixmucané, ihre Mutter, kennt das Geheimnis.

Die Boten führen sie zu einer Kreuzung von vier Wegen – einem roten, einem schwarzen, einem weißen und einem gelben – von denen sie einen wählen müssen, um ins Reich von Xibalbá hinabzusteigen. (Vier Treppen, zwei auf jeder Seite der Bühne, die vom re. und li. Ende der ob. Plattform A zur unt. Plattform B hinunterführen: rot/weiß auf der li.; schwarz/gelb auf der re. Seite.)

Die beiden Brüder lassen sich von den Uhus hinters Licht führen und wählen den schwarzen Weg, der ihr Verderben ist, denn dort geht nur der Tod. Als sie schließlich im Palast der Herrscher von Xibalbá ankommen, sind sie schon längst verdammt.

Die Herrscher von Xibalbá, Huncamé und Vucub-Camé, bleiben mit ihren Henkersknechten, den reißenden Raubkatzen, vor den Augen der zwei Besucher versteckt; auf ihre Throne und die Ehrenplätze haben sie statt dessen roh geschnitzte Holzpuppen gesetzt (Schaufensterpuppen). Die beiden Prinzen merken den Betrug nicht und begrüßen die Puppen wie die wirklichen Herrscher und deren Höflinge, die in ihren Verstecken lauthals über sie lachen.

Als sich ihr Lachen endlich beruhigt hat, bitten sie die Besucher von ihren dunklen Verstecken aus, Platz zu nehmen, doch ist es nur ein neuer Trick, denn die Sitzbänke bestehen aus heißem Stein, so daß sie sich beim Hinsetzen das Gesäß verbrennen. Die Brüder springen erschrocken auf, unter dem Gelächter und lauten Spott ihrer Feinde.

Das Spiel zwischen den Besuchern und den Herrschern von Xibalbá wird für den nächsten Morgen bei Tagesanbruch festgesetzt, doch zuvor müssen die Brüder noch am gleichen Abend die Probe des Hauses der Foltern bestehen (li. Seite Plattform B): den Raum der Dunkelheit, den Raum des Eises, den Raum der Schlangen, den Raum der Fledermäuse, den Raum der Messer.

Die Horde der Henkersknechte, die reißenden Raubkatzen, führt sie zum Haus der Foltern (Plazierung schon bestimmt, Räume auf Drehscheibe montiert), um im Raum der Dunkelheit die erste der fünf Proben zu beginnen. Damit sie Licht haben, bekommen sie eine Kienspanfackel, die vom Feuer nicht verzehrt werden darf. Dies ist die Probe. Als die reißenden Raubkatzen zurückkehren, verlangen sie die unversehrte Fackel zurück, doch der Kienspan ist völlig verbrannt. Das bedeutet, daß sie verloren haben, und die übrigen Proben müssen gar nicht mehr durchgeführt werden.

Zur Strafe stürzen die reißenden Raubkatzen sich sofort auf sie und reißen sie in Stücke. Als das Opfer vollstreckt ist, befehlen die Herrscher von Xibalbá, daß ihre Überreste verbrannt werden, damit keine Spur von der Anwesenheit der beiden Prinzen-Brüder auf der Erde bleibt, keine Erinnerung an ihre Spiele und Gesänge. Doch weil sie unter ihren Instrumenten den heiligen Ball nicht finden, befehlen sie auch, daß der Kopf von Hun-Hunahpú abgeschnitten wird, um ihn für alle sichtbar auf einen Pfahl zu spießen, als Vergeltung für den Betrug.

Der Pfahl, der neben dem Ballspielplatz von Xibalbá aufgepflanzt wird, wo der Wettkampf nicht mehr stattgefunden hat, verwandelt sich in einen Baum, der erblüht und harte, runde Früchte trägt (hier Lichteffekte, um zu überdecken, daß der Baum mittels eines Fahrstuhls durch eine Klappe auf die Bühne gehoben wird). Der Kopf von Hun-Hunahpú verwandelt sich dabei, durch das Eingreifen von Huracán, des Himmelsgottes, in eine der Früchte dieses Jícaro-Baums.

Die Herrscher von Xibalbá rufen unter dem Eindruck dieses Wunders ihre Untertanen zusammen und befehlen unter Androhung der Todesstrafe, daß sich niemand diesem Baum der Köpfe annähere, der von der Horde der reißenden Raubkatzen bewacht werden soll.

II

Die Geschichte vom Baum der Köpfe dringt an die Ohren einer Prinzessin namens Ixquic (Ballettdreß, der sie nackt erscheinen läßt; Diadem), die sie von ihrem Vater Cuchumaquic hört, dem Anführer der Horde Henkersknechte der Herrscher von Xibalbá, den reißenden Raubkatzen.

»Weshalb darf ich diesen Baum, von dem man erzählt, denn nicht sehen? Sicher sind die Früchte, über die man redet, sehr köstlich«, sagt sie zu sich selbst. Und ohne daß ihr Vater es erfährt, macht sie sich auf den Weg, ganz allein, und gelangt zu dem Platz neben dem Ballspielfeld, wo der Baum seine Krone erhebt. Die Wächter versperren ihr zunächst den Weg, als sie versucht, sich dem Baum zu nähern, doch dann gestehen sie ihr, von ihrer Anmut und Schönheit überwältigt, zu, die Früchte aus der Nähe zu bewundern, unter der Bedingung, sie nicht zu berühren.

Ixquic betrachtet den Jícaro-Baum und hebt, in einem Augenblick der Unachtsamkeit der Wächter, die Hand, um eine der Früchte zu pflücken. Huracán führt die Hand der Prinzessin so, daß sie nach dem Kopf von Hun-Hunahpú greift, der unter den anderen Früchten zwischen den Zweigen hängt.

Hun-Hunahpú hält sie zurück, indem er sie fragt, ob sie die Frucht wirklich will: »Du willst das vielleicht so, weil deine Seele es so will?«, fragt er sie. Sie ist erstaunt über die melodiöse Stimme, die zwischen den Blättern murmelt, und antwortet, ja, so will und wünscht es ihre Seele.

Da bittet Hun-Hunahpú sie, ihre rechte Hand auszustrecken, und spuckt einen Mundvoll Speichel hinein. Sie blickt erstaunt in ihre Handfläche, fühlt ihre Haut einen Augenblick lang brennen wie bei der Berührung von Feuer, doch kurz darauf ist der Speichel schon nicht mehr da, ist durch die Poren in ihr Inneres gedrungen.

So zeugt Hun-Hunahpú mit seinem Speichel Hunah-pú und Ixbalanqué, die durch das Wunder von Huracán durch Ixquic geboren werden, nur um die ermordeten Prinzen zu rächen. Als sie im sechsten Monat schwanger ist, wird ihr Zustand von ihrem Vater Cuchumaquic be-merkt, der sie verhört und bedroht. Als sie in ihrem Schweigen verharrt, bringt er sie vor die Herrscher von Xibalbá. Als sie auch vor diesen nicht beichten will, wer sie besessen hat, wird sie für das Opfer bestimmt.

Cuchumaquic ist am Boden zerstört, als er das Ur-teil hört, kann jedoch nicht verhindern, daß es vollstreckt wird; und als Hauptmann der Horde der Henkerknechte, der reißenden Raubkatzen, muß er selbst den Befehl ge-ben, seine Tochter zu töten. Das tut er auch. Und er sagt ihnen außerdem, sie sollten mit dem Herz von Ixquic in einer ausgehöhlten Jícaro-Frucht zurückzukehren, um es vor dem Altar zu verbrennen.

Auf dem Weg zu ihrer Hinrichtung enthüllt Ix-quic den Wächtern das Geheimnis ihrer Schwanger-schaft und bittet sie, sie leben zu lassen, um den beiden neuen Prinzen, Hunahpú und Ixbalanqué das Leben zu schenken. Die Wächter, noch einmal überwältigt, gestehen ihr die Bitte zu. Sie lassen sie frei und füllen in die Jícaro-Frucht statt des Herzens des Mädchens den roten Saft, der aus der aufgeschlitzten Rinde des Blutbaums fließt, der Scharlachbaum heißt. Der Saft gerinnt in der ausgehöhlten Frucht in Form eines Herzens.

Die Wächter kehren zurück, um von ihrem Tun zu berichten. Cuchumaquic empfängt die Jícaro-Frucht und beginnt auf Befehl der Herrscher von Xibalbá das Ritual der Verbrennung des vermeintlichen Herzens seiner Tochter Ixquic. Danach betrachtet er sehr nachdenklich, wie das Herz seiner Tochter verbrennt.

III

Geführt von Huracán, steigt Ixquic auf dem roten Weg, dem Weg des Lebens, aus den Tiefen des Reichs der Dunkelheit empor und gelangt zum leeren Haus, wo in einer Ecke des Dachbodens Hun-Hunahpú und Vucub-Hunahpú den heiligen Ball versteckt hatten, bevor sie nach Xibalbá aufbrachen. Ixmucané, die jetzt greise und blinde Mutter der ermordeten Prinzen, die jahrelang vergeblich auf die Rückkehr ihrer Söhne gewartet hat, hört sie kommen und nennt sie bei ihrem Namen Ixquic.

Dort gebärt Ixquic ihre angekündigten Söhne, Hunahpú und Ixbalanqué. Und als sie zu jungen Männern geworden sind, überreicht sie ihnen den Ball, dessen Versteck ihr Ixmucané vor ihrem Tode enthüllt hat, damit sie das heilige Spiel üben können (gleiche Gewänder wie die ermordeten Prinzen).

Als sie über ihren Köpfen das neue Prinzenpaar spielen hören, erzürnen sich die Herrscher von Xibalbá, Huncamé und Vucub-Camé, von neuem und schicken ihre Uhu-Boten, um die Spieler herauszufordern, in der Hoffnung, sich des heiligen Balls bemächtigen zu können, dieses Mal für immer.

Entschlossen, ihren ermordeten Vater zu rächen, nehmen die Brüder die Herausforderung an. Bei ihrer Abreise ringt ihre Mutter Ixquic damit, ob sie sie gehen lassen oder zurückhalten soll, doch erlaubt sie schließlich die Reise. Von den Uhus geleitet, steigen sie ins Reich von Xibalbá hinab. Zuvor gibt jeder der beiden seiner Mutter einen blühenden Zuckerrohrtrieb: Wenn die Triebe weiter blühen, ist das ein Zeichen, daß sie noch leben, wenn die Triebe welken, ist es ein Zeichen, daß sie gestorben sind. Den heiligen Ball führen sie dieses Mal unter ihren Spielgeräten mit sich.

So machen sie sich auf den Weg ins Reich von Xibalbá. Als sie die Kreuzung der vier Wege erreichen, weisen sie den hinterlistigen Rat ihrer Begleiter zurück und wählen den roten Weg, den des Lebens, um auf ihm hinabzusteigen.

Als sie im Ratssaal ankommen, achten sie gar nicht auf die hölzernen Puppen. Statt dessen suchen sie die Verstecke der Herrscher von Xibalbá, Huncamé und Vucub-Camé in den Schatten, finden sie auch bald und begrüßen sie mit ihren Namen. Als man sie einlädt, sich auf die Sitze aus glühenden Steinen zu setzen, weigern sie sich, und sie sind es, die sich mit lautem Gelächter über die Tricks der Herrscher lustig machen.

Sie nehmen die Proben des Hauses der Foltern auf sich und überleben sie alle: Sie halten ihre Kienspäne in Brand, kommen nicht im Eis um, werden nicht von den Messern verletzt, erschlagen die Schlangen, verscheuchen die Fledermausschwärme (jeder Raum wird beim Kreisen der Drehscheibe sichtbar).

Als der Morgen graut, bleibt den Herrschern von Xibalbá nichts anderes übrig, als sich den jungen Brüdern beim heiligen Ballspiel zu stellen, bei dem sie besiegt werden; alle Tore werden durch den Ring der Herrscher von Xibalbá geschossen.

Wutentbrannt befehlen sie ihren Henkersknechten, Verrat zu begehen und sich auf die Brüder zu stürzen, um sie in Stücke zu reißen und sich dann des heiligen Balls zu bemächtigen. Die Brüder kämpfen und schaffen es, unverletzt zu fliehen, verlieren jedoch den heiligen Ball. Sie kehren nach Hause zurück, wo sie ihre Mutter erwartet, die sie voller Freude empfängt und ihnen die immer noch blühenden Zuckerrohrtriebe entgegenstreckt.

IV

Eines Tages kommt den Herrschern von Xibalba, Huncamé und Vucub-Camé, die Nachricht zu Ohren, daß ein Paar wundertätiger Zauberer ihr Reich durchwandert und auf seiner Reise alle Dörfer mit seinen Tänzen und Kunststücken und Zaubereien begeistert: Sie können Häuser in Brand setzen und hinterher wieder unbeschädigt erstehen lassen, Menschen umbringen und anschließend wieder zum Leben erwecken; sich selbst in Stücke schneiden und wieder auferstehen.

Neugierig gemacht, lassen die Herrscher von Xibalbá sie von ihren Uhu-Boten holen, damit sie im Palast vor ihnen tanzen und ihre Zauberkunststücke vorführen. Die beiden Fremden schicken den Herrschern die Antwort, daß sie sich schämen, vor ihnen zu erscheinen, so schmutzig und zerlumpt, wie sie aussehen (Lumpenverkleidung über dem Kostüm von Hunahpú und Ixbalanqué). Doch die Herrscher sagen, daß mache nichts, sie sollen nur kommen. Und daß sie sie reich entlohnen wollen.

Da schicken die beiden Zauberer die Antwort, sie wollten keinen Lohn. Ihre einzige Bedingung ist, daß die Türen des Palastes geöffnet werden und das Volk eingelassen werde, um der großen Vorstellung beizuwohnen. Die Herrscher, die auch geizig sind, lachen über diese Forderung. Sie nehmen an, und das arme Volk von den Straßen und aus den Dörfern kommt zuhauf hinter den Tänzern in den Palast. (Verschiedene ärmliche Kostüme für die Leute aus dem Volk: Tagelöhner, Handwerker, Töpfer, Bettler usw. Das Volk füllt den Ballspielplatz und die Halle des Palastes, außer dem Innenhof, der für die Zaubervorstellung reserviert ist.)

Das Zauberer-Paar gibt verschämt vor, aus Demut vor so mächtigen Herrschern nicht mit der Vorstellung beginnen zu wollen. Die Herrscher von Xibalbá, die schon vor Neugier vergehen, bitten sie auf tausend Arten und bieten ihnen jede Belohnung, Ehre und Auszeichnung, die sie möchten. Da bitten sie um eine: den heiligen Ball.

Die Neugier der Herrscher ist so groß, daß sie nach kurzem Ratschlag zustimmen und ihnen den Ball herausgeben. Doch gleichzeitig haben sie beschlossen, daß sie nach dem Ende der Vorstellung die beiden Vagabunden umbringen lassen werden, um den Ball zurückzuerlangen.

Die beiden beginnen also mit ihrer Zaubervorstellung, indem sie die Herrscher bitten, die Kunststücke zu nennen, die sie sehen möchten. (Die Kunststücke werden im Innenhof aufgeführt, wie schon gesagt wurde.)

Sie befehlen ihnen, sich selbst Messer ins Fleisch zu stechen. Sie gehorchen, und die Wunden heilen ohne Narben oder Spuren.

Sie befehlen ihnen, zwei ihrer Henkersknechte zu nehmen, die Gefürchtetsten in der Horde ihrer Raubkatzenwächter, und sie in Stücke zu hauen. So tun sie es, um sie dann auferstehen zu lassen, indem sie die Stücke wieder zusammensetzen.

Sie befehlen ihnen, sich selbst zu bekämpfen und in Stücke zu hauen. Sie tun das und kehren dann wieder ins Leben zurück. (Mit Hilfe von Lichteffekten können Schaufensterpuppen benutzt werden, um die zerstückelten Körper vorzutäuschen.)

Sie befehlen ihnen, ein großes Feuer zu entfachen, das den Palast in Flammen aufgehen läßt. Sie tun das, ohne daß irgend etwas in den Flammen umkommt. (Lichteffekte und Bühnenfeuerwerk).

Sie befehlen ihnen, die Holzpuppen zum Leben zu erwecken, die im Ratssaal auf den Ehrenplätzen sitzen. Sie tun das; die Puppen fliehen voller Schrecken, ohne zu begreifen, weshalb sie plötzlich lebendig sind. (Die Puppen sind in dieser Szene keine Schaufensterpuppen mehr, sondern Tänzer.)

Auf dem Gipfel ihrer Erregung befehlen die Herrscher von Xibalbá ihnen, sie selbst zu nehmen, ihnen die Köpfe abzuschneiden und sie ihnen dann mit ihrer Zauberei wieder auf die Schultern zu setzen. Nach langem Bitten tun sie es. Es rollen die Köpfe der Herrscher von Xibalbá, Huncamé und Vucub-Camé (Tricks mit Lichteffekten), und statt sie ihnen wieder auf die Schultern zu setzen, treten die beiden tanzenden Zauberer sie mit Füßen.

Entsetzt über das Geschehen, will die Horde der Henkersknechte, die reißenden Raubkatzen, und die Horde der Todesankündiger, die Uhu-Boten, die Flucht ergreifen. Doch das Volk, das den Palast füllt, versperrt ihnen alle Ausgänge, nimmt ihnen die Lanzen ab und ersticht sie damit.

Hunahpú und Ixbalanqué entledigen sich ihrer Lumpen und werden wieder zu Prinzen. Sie nehmen die

Throne ein und errichten in Xibalbá das Reich der Gerechtigkeit, worauf die Dunkelheit für immer verschwindet.

Später stiegen sie zum Himmel auf. Einer von ihnen wurde zur Sonne, der andere zum Mond. So wurde es hell im Himmel und auf der Erde. Die Sonne wärmt die Tage, der Mond bewacht die Nächte. Und seither wohnen sie beide im Himmel. (Filmprojektion auf hinteren Vorhang.)

Mit ihnen stiegen die Tausenden von den Herrschern von Xibalbá Ermordeten zum Himmel auf, die auf den Straßen Zerstückelten, die Geopferten, die Gefolterten, die lebendig Begrabenen, alle Verschwundenen. Und so wurden sie zu Gefährten von Hunahpú und Ixbalanqué und verwandelten sich in die zahllosen Gestirne des Himmels. (Fortsetzung und Ende der Filmvorführung auf dem Bühnenvorhang.)

All dies berichtet und erzählt der *Popol-Vuh*, das heilige Buch der Quiché-Mayas. (Langsamer Vorhang.)

Aus dem lateinamerikanischen Spanisch von Lutz Kliche

MARLENE STREERUWITZ

Majakowskiring.

Die Sonne schien auf die Betonplatten vor dem Haus. Die
Platten längliche Vierecke aus Waschbeton. 5 Platten der
Länge nach die Front des Bungalows entlang. 7 Platten
bis zum Gras unter dem Baum mit den großen herzför-
migen Blättern und langen schmalen dunklen Schoten
herunterhängend. 3 der Platten waren gesprungen. Quer.
Da, wo man auf das Haus zuging. Sie kippten, wenn
man auf sie stieg. Zwischen den Platten Grasbüschel. Sie
saß am Fenster. Die Arme auf den breiten, fetten Armlehnen des Polstersessels. Sie sah hinaus. Zum großen
Haus hin ein Rosenbeet links. Die Rosenstöcke klein
und einzeln in der sandigen Erde. Jeder Stock immer nur
eine Blüte und die weißen Mauern des Hauses dahinter.
Sie sah zu, wie die Sonne auf die Betonplatten schien.
Am Morgen die Sonne von rechts und die Büsche am
Zaun einen dichten Schatten warfen. Fast bis hin zum
Rosenbeet. Dann der Schatten des niedrigen Hauses
gegen Mittag an die Mauer zurückrückte und mit dem
Nachmittag ganz verschwand. Und gegen Abend der
sonnenfleckige Schatten eines Magnolienbaums sich

über das Rosenbeet hereinschob und bis in die Abend-
sonne blieb. Draußen war es heiß. Es waren die heiße-
sten Maitage in Berlin seit 29 Jahren. Sie saß in dem Polstersessel. Zurückgelehnt. Sah vor sich hin. Der Blick halb
hinaus. Halb im Zimmer. Nach links der Teppichboden.
Ein wolkiges Muster. Braun und grün. Ein helleres
Braun dazwischen und gelbgrün. Vor ihr die Schrankwand.»Lore.« Hatte er gesagt. Sie saß da. Die Arme auf
den Armlehnen. Den Kopf zurückgelehnt. Gegen die
Rückenlehne. Das rechte Bein auf dem Heizkörper. Früher hatte sie liegen müssen nach Trennungen.

Sie saß da. Sah hinaus. Sah auf ihren rechten Fuß auf
dem Heizkörper. Sah wieder hinaus. Es war der letzte
Tag im Mai. Sie sollte ihn nicht versäumen. Sie sollte
nichts versäumen. Sie sollte draußen sein. In der Hitze.
Unter der Sonne. Der Holler blühte. Der Jasmin. Und die
Heckenrosen. Und die Hitze wie eine Wand, in die
hineinzugehen und in der man dann steckte.»Lore.« Hatte er gesagt.»Lore.« Noch einmal. Sie hatte nichts gesagt. Sie hatten dann beide nichts mehr gesagt. Hatten
einander in der Stille zugehört. Sie hatte dann den Hörer
hingelegt. Vorsichtig auf den grünen Filzbelag auf ihrem
Schreibtisch und hatte sich in den Ledersessel gesetzt. Sie
war aufgestanden. Leise. Und hatte den Hörer vom
Ledersessel aus angesehen. Sie beugte sich vor. Sie sollte
spazieren gehen. Einmal um den Majakowskiring her-

um. Wenigstens. Sie sollte sich durch die Lücke im Zaun des Nachbargrundstücks drängen und zwischen den blühenden Sträuchern gehen. Unter den gischtenden Hügeln von Blüten. Die Heckenrosen überwölbt von Jasmin und die Dolden des Holler darüber. Im hohen Gras sitzen. Der Unrat. Der Müll unter den Büschen versteckt. Überblüht. Im Gras verborgen. Und nur der Frühsommer zu sehen und zu riechen. Sonst. Früher immer auf dem schmalen Bett gelegen und geschluchzt. Geschrien. Sich gekrümmt. Im Bauch. Ein Wüten tagelang. Und der Haß. Am Fenster sitzend. In Berlin. Beim Hinausgehen nur das Besetztzeichen in Erinnerung.

Sie stand auf. Stellte sich ans Fenster. Ging in die Mitte des Zimmers. Ging wieder ans Fenster. Der Schatten der Magnolie hatte die ersten Betonplatten erreicht. Nachmittag. Sie sollte etwas essen. Sie sollte sich umdrehen, durch das Zimmer und in den Gang an der bunten Glastür vorbei in die Küche. Ein Yoghurt. Eine Topfencreme. Sie hatte nur Milchprodukte aus der Mark Brandenburg gekauft und in den DDR-Eiskasten gestellt. Der Eiskasten brummte Tag und Nacht vor sich hin. Wurde lauter. Begann zu vibrieren. Schüttelte sich. Die Flaschen im Flaschenregal klirrten gegeneinander. Dann ein heftiges Rütteln. Dann war er still. Kurz. Und brummte dann wieder vor sich hin. Das Brummen war in allen Zimmern zu hören. Sie setzte sich wieder. Stellte den rechten Fuß auf den Heizkörper. War sie nicht wütend. Trennungen bisher immer Stürme der Verzweiflung vor Wut und Hilflosigkeit. Die Wut auf das Verlorene sie in der Mitte durchgerissen. Sich im Liegen um die Mitte einrollen mußte und warten, die Wut vorbeiginge. Die Sonne schien auf die Betonplatten draußen. Die Grasbüschel welk in den Ritzen. War das alt werden. Oder war das alt sein. Dieses ruhig. Diese Ruhe. Sie sollte das Fenster aufmachen. Es war kühl im Zimmer. Ein warmes Haus von draußen. Die Mauern des großen Hauses leuchteten weiß hinter der Magnolie. Sie hatte heute noch niemanden beim großen Haus gesehen. Am Vortag waren die Holzjalousien der Veranden im großen Haus mit lautem Klappern hochgezogen worden. Menschen waren gekommen und im Garten herumgegangen. Hatten auf der Terrasse an einer langen weißen Tafel gegessen und getrunken. Ihr Reden war bis zum Küchenfenster ihres Gartenpavillons zu hören gewesen. Eine Konfirmationsfeier, hatte eine der im Garten spazierenden Frauen gesagt. Sie hatte ein Seidenensemble angehabt. Langer Rock und Jacke. Schwarz mit einem kleinen weißen Muster. Man könne alle diese Räume jetzt mieten. Für private Anlässe. Da, wo früher DDR gewesen, da könne man jetzt feiern. Im großen Haus und in ihrem waren früher Gäste des Außenministeriums der DDR untergebracht gewesen. Hier hatten Freunde der DDR gewohnt. Waren die Befehlsketten der internationalen Freundschaft aufgefrischt worden. Hier hatten die Sitzgarnituren die Freunde aus der Dritten Welt beeindrucken müssen.

Sie sah sich um. In Polen hatte es auch so ausgesehen wie hier. Waren es wirklich nur die Farben, die diese Ostblockzimmer ausgemacht. In dem Hotel in Warschau. Es hatte ganz anders ausgesehen. Der Bodenbelag war rot gewesen. Brombeerrot. Und dünn. Aber trotzdem. Der Schatten der Magnolie hatte die 2. Reihe der Betonplatten erreicht.

Sie schob den Vorhang zur Seite. Das Weiß des großen Hauses blendete. Ryszards Umarmungen. Von innen und außen kein Teil von ihr, an dem er nicht. Ihr keinen Raum gelassen. Sie beschwert. Umwühlt. Umhüllt.

Und Ryszard hatte ja nie erzählt, was bei seinen Verhaftungen geschehen. Was mit ihm gemacht worden. Es war wohl nicht zu vergessen gewesen. Wie sollte sich das auch alles. Und hier. In dieser Gegend. Hier in Pankow hatten Leute gewohnt. Wohnten immer noch. Die solche Verhaftungen veranlaßt. Hatte es Unterschiede gegeben zwischen einer DDR-Verhaftung und einer polnischen. Wahrscheinlich und dann nicht. Abgeholt war man worden, weil Geständnisse ausständig. Da wie dort. Und niemand so sicher im Nichtgestehen die Erniedrigung übersehen konnte. Und die Sehnsucht nach dem Normalsein groß.

Sie sah den Heizkörper an. Schwere, schmiedeeiserne Radiatoren. Die Fenster entlang. Beige gestrichen und viele Schichten Farbe übereinander. Der Lack eine beige Kruste. Die Vorhänge auf die Heizkörper fielen. Ein dünnes Bleiband im Saum auf den Heizkörpern auflag. Grau. Die Vorhänge vergilbt. Da, wo sie zusammengeschoben, bräunlich. Weiß gewesen. Sie stand auf. Schob den linken Vorhang weiter zur Seite und öffnete ein Fenster. Sie hielt die Hand hinaus. Die beiden Fenster zum Öffnen waren in der Mitte der großen Glasflächen eingelassen. Sie gingen nach außen auf und konnten mit einem Haken festgemacht werden. Fortocka. Fiel ihr ein. Im Landes- und Kulturunterricht in Russisch war das immer gefragt worden. Fortocka, ein kleines Fensterchen im großen Fenster, das bei großer Kälte zur Lüftung geöffnet wurde. Ob diese Fensterchen-im-Fenster-Konstruktion davon inspiriert worden war. Im DDR-Wiederaufbau. Sie hielt die Hand durch das Fenster hinaus. Sie mußte sich über den Heizkörper lehnen. Sie stützte sich mit der linken Hand am Fensterrahmen ab und hielt den rechten Arm hinaus. Es dauerte lange, bis sie die Wärme draußen spürte. Sie hielt die Hand in die Wärme. Sie sollte hinausgehen. Sie fror. Es war kalt in der abgestandenen Luft des Zimmers. Sie sollte sich wenigstens eine Weste holen. Sie trat in das Zimmer zurück. Ging vom Fenster zur gegenüberliegenden Wand. Eine schmiedeeiserne Uhr hing über einer ge-

polsterten Sitzbank. Mindestens 5 Personen hätten auf
der Sitzbank sitzen können. Oder ein Mensch liegen. Die
Uhr war klein. Ein Tellerchen aus schwarzem Metall.
Die Zeiger und Ziffern golden. Ein kupferner Reif rund
um die Uhr außen. Die Uhr zeigte 9 Uhr. Die Uhr ging
nicht. Es war Nachmittag. Waren in diesem Zimmer
Heimlichkeiten möglich gewesen. Oder war es in diese
Beobachtung aller eingeschlossen. Waren die Freunde
der DDR unbeobachtet geblieben. Wahrscheinlich nicht.
Wie auch. Wenn alles und alle beobachtet worden. Und.
Wurde noch immer beobachtet. Würde sie, setzte sie
sich auf diese Couch und begänne zu onanieren. Würde
sie dabei gesehen. Liefen irgendwo noch die Fäden der
Beobachtung zusammen. In einer Zentrale, die weiter
Material sammelte, weil man ja nie wußte, ob es nicht
doch irgendwann einmal gebraucht werden könnte.

Sie setzte sich auf die Sitzbank. Die Rückenlehne kalt
gegen ihren Rücken. Sie lehnte den Kopf gegen die
Wand. Sah in das Zimmer vor sich. Die Sonne draußen.
Es weiß aussah draußen. Von so tief im Zimmer die
Mauern des großen Hauses das Licht reflektierten. Im
Zimmer das Licht grün. Und nichts zu hören. Die Flug-
zeuge nach Tegel hier schon sehr tief flogen und im
Garten Gespräche unterbrochen werden mußten. Im
Zimmer ein dumpfes Dröhnen. Weit entfernt. In diesem
Häuschen weit entfernt. In diesem Bungalow, mit dem

es ja auch vorbei war. Eigentlich. Es war ja auch ein Abwicklungsobjekt, wie ihr erzählt worden. Ehemalige Besitzer hatten sich gemeldet, hieß es. Eine Nutzung müßte gefunden werden. Das mit dem Vermieten, das reichte nicht. Eine Sanierung könnte so nicht finanziert werden. Die Spuren der DDR würden verschwinden. Als hätte es sie nie gegeben. Auch hier nicht. Als hätte sich hier nie jemand angestrengt, einen Salon einzurichten. Es genauso toll zu haben wie im Westen. Oder toller. Der Versuch zerstört, die Schrankwand ebenso gut zu machen. Dieser Versuch war umsonst gewesen. Dann. Wie die Arbeit der Tapezierer, die Polstersessel und Sitzbände fett und prachtvoll. Das alles und das Scheitern verschwinden würde und übrig bleiben nur die, die damals verschwunden. Für immer versunken im nutzlosen Ablauf der Geschichte. Im Ablauf dieser Gespräche zwischen Stalin und Ulbricht und dann mit Chruschtschow und dann mit Breschnew und dann Honecker mit Gorbatschow. Es war ja ein Wartezimmer. Dieser Salon im Gästehaus. Viele Personen konnten hier die Wand entlang sitzen. Die Köpfe an die Mauer gelehnt. Und 6 konnten essen. Währenddessen. Konnten sich auf die orange-braunbeige gestreiften Sessel setzen. An den Tisch. Konnten sich über das Essen beugen auf dem zu niedrigen Tisch. Für sie war es richtig, in einem Wartezimmer gelandet zu sein. In einem Wartezimmer, das auf Abbruch wartete und sie darauf wartete, wieder etwas zu fühlen. Auf ein Gefühl in sich. Auf irgendeine Regung. Vielleicht ja zu fühlen aufgehört. Vielleicht mit dem letzten »Lore« sich ihr Fühlen erledigt und Gefühle nur noch Erinnerungen. Vielleicht ein Leiden nur mehr an der Erinnerung.

Sie stand auf und ging zum Fenster zurück. Ging auf das Fenster zu. An der Schrankwand entlang. Dunkelbraunes Furnier. Platz für den Fernsehapparat. Das Radio ein eigenes Fach. Hinter Glas kleine Büsten von Richard Wagner, Friedrich dem Großen und eine, die nicht zu erkennen war. Sie öffnete die Glastür. Die Tür oben und unten verzogen. Sie paßte nicht. Ließ einen nach links weiter werden – den Spalt offen. Sie nahm die kleine Büste heraus. Die, die sie nicht zuordnen konnte. Die Büste griff sich weich an. Kreidig. Sie war gelblich verfärbt. Das Gesicht flach. Als wäre es abgerieben. Als hätte jemand mit einem nikotingebräunten Daumen daran gerieben. Mund und Nase waren nur noch Striche. Die Nase nur noch eine kleine Wölbung nach vorne. Sie fuhr mit dem Daumen über das Gesicht. Es war angenehm. Sie rieb den Daumen gegen das Gipsgesichtchen. Ging dabei hin und her. Rieb die Büste. Stellte sie dann wieder zurück. Hätte sie gewartet. Hätte sie auf etwas warten müssen, es wäre angenehm gewesen, diese Büste so reibend auf und ab zu gehen. Hatte jemand sein Warten an dieser Büste ausgelassen und das Gesicht

der Büste ausgerieben dabei. Sie setzte sich in den Polstersessel. Der Vorhang bewegte sich leicht. Ein Wind
von draußen oder ein Luftzug von ihrem Vorbeigehen.
Sie saß. Sah vor sich hin. Es war der letzte Tag im Mai.
Sie sollte ausgehen. Sollte in die Stadt fahren. Herumgehen. Mit der U-Bahn von Vineta nach Alexanderplatz
fahren. Oder Nollendorfplatz. Und von dort ins Café
Einstein. Einen Eiskaffee. Und die Zeitung lesen. Und
dann ins Kino. Oder nur herumgehen. Sie sollte irgend
jemanden anrufen und etwas ausmachen. Sich um ihre
Arbeit kümmern. Sie saß da. Die Hände auf den Armlehnen. Die Beine nebeneinander. Sie spürte plötzlich, wie
stark ihr Rücken angespannt und die Finger um die
Armlehnen gekrümmt. Sie holte Luft und ließ sich langsam gegen die weiche Rückenlehne zurücksinken. Ließ
die Hände auf die Oberschenkel rutschen. Eine Biene
flog durch das Fenster herein und gleich wieder hinaus.
Es hätte auch eine Wespe sein können.

Hier kannte sie niemanden. Mußte mit niemandem reden. Sie konnte der Putzfrau zusehen, wie sie ihren Müll
überprüfte. Die Putzfrau kam immer aus dem Haus,
sobald sie einen Müllsack hinausgetragen und in die
Mülltonne geworfen hatte. Die Frau beugte sich tief in
die Tonne hinein und wühlte in ihrem Müllsack. Das
hatte sie die letzten 20 Jahre gemacht. Wahrscheinlich.
Wahrscheinlich hatte diese Frau einen Auftrag gehabt

und den Müll der Staatsfreunde oder der Literaten, die dann hier gewohnt, überprüft. Vielleicht hatte sie Manuskriptschnitzel zusammensetzen müssen. Oder die Flaschen zählen, die in diesem Haus getrunken worden. Oder Westware. Hinweise auf Westware suchen müssen. Es mußte etwas fast Gemütliches gehabt haben. Die Obrigkeit, die alles wußte. Sie hatte ja auch zu Hause lieber alles gebeichtet. Ja. Mehr gebeichtet, als sie getan. Die Eltern hatten dann in der Bibliothek gesessen. Stumm. Sie hatte auf ihr Zimmer gehen müssen. Hinter der Küche. Aber nichts Unerwartetes auftauchen hatte können. Die Eltern waren enttäuscht von ihr. Aber auch zufrieden. Ihr Vater später dann ein bißchen vorwurfsvoll gewesen. Wegen ihrer Karriere. Wirklich nicht zu erwarten gewesen, daß aus diesem Kind. Ihm dann gesagt hatte, daß alles seiner Erziehung zu verdanken. Der alte Mann es geglaubt hatte. Es gerne geglaubt hatte. Und er ja auch nur die gleiche Erziehung gehabt, wie die Leute hier. Deutsche Offiziere alle gewesen. Der Verlust der Kaiser sie alle auf die Suche nach Ersatz gezwungen. Rechts und links. Und alle strenge Kinderzimmer einrichten hatten müssen. Die Fliege auf dem Vorhang gelandet. Sie raschelte. Kurz. Dann wieder Stille im Zimmer. Von draußen ein Rauschen. Entfernt. Die Flugzeuge von Zeit zu Zeit dröhnend. Aber sehr weit entfernt. Die Stille im Zimmer nicht betrafen. Sie sollte sich aufraffen. Hinausgehen. Wenigstens in den Schloßpark am Ende von diesem Majakowskiring gehen. Andere Leute sehen. Wenigstens sehen. Und daß jeder nur gehen und atmen konnte und niemand mehr. Und sich auf eine Bank setzen. Ein Buch mitnehmen. Lesen. Sie sollte über ihre Arbeit nachdenken. Die Serie, die sie schreiben hatte wollen. Telefonieren. Verabredungen. Berlin ausnützen. Herausfinden, was diese Riesenbaustellen bedeuteten. Wer sich was vorstellte. Wer überleben würde und wen die Phantasie überholen. Und was das für die Menschen hieß, die auf der Straße gingen. Hasteten. Die Menschen hier viel schneller gingen als in Wien. Und waren es die Kräne, die einen sich klein fühlen ließen. Und immer war Existenzangst da. Oder es war ihre Stimmung. Aber wenn jemand in die U-Bahn stieg. Alle angestrengt und nur auf das Aussteigen warteten. Die Schultern nach vorne. Aber angespannt. Und nichts wahrnehmen. Die meisten nichts. Das schwule Pärchen die einzigen gewesen, die gelacht hatten. Miteinander und dann sie angelächelt. Und Blickkontakt kein Problem. Aber ein gewisser Exhibitionismus schon notwendig, wenn man neben Piercings in der Nase, den Lippen, der Zunge und den Augenbrauen, der eine auch noch auf der geschorenen Glatze vorne an Stelle eines Haaransatzes kleine, breite, silberne Ringe in der Haut stecken hatte. Der andere hatte die Ohren voller solcher Ringe. Der mit dem Haaransatz aus Piercings hatte keine Ringe in den Ohren. Nicht einmal Löcher gestochen. Rosig unversehrt waren seine Ohren gewesen.

Die beiden hatten Händchen gehalten. Gekichert und aufeinander eingeredet. Gelacht. Sie waren bei der Station Märkisches Museum eingestiegen und am Alexanderplatz wieder ausgestiegen. Eine Gruppe Frauen links. Die Frauen hatten zu lachen begonnen, als die beiden an ihnen vorbei gegangen waren. Die 2 hatten durch die Fenster des gerade abfahrenden Zugs den lachenden Frauen zugewunken. Die Frauen hatten weiter gelacht und zurück gewunken. War es noch nicht vorbei mit den strengen Kinderzimmern, wenn die Kinder sich selbst verletzen mußten. Über eine Mode. Und selbst. Weil die Väter es nicht mehr konnten. Und warum hatte sie selbst nun das alles gemacht. Sie hätte sich genauso piercen lassen können und es herzeigen. Die Verletzung und die Ahnung davon und der Stolz auf die Narben.

Im Liegen alles über ihr und aufrecht wenigstens hineinragte. Sie ging in das große Zimmer zurück. Ging zwischen Fenster und Schlafzimmer auf und ab. Ging ins Schlafzimmer. Sah auf das ungepflegte, zertrampelte Gras zwischen Haus und Gartenmauer und ging wieder zurück. Ein flüchtiger Blick auf sich im Spiegel an der Kastentür. Was war hier geschehen. Was war in diesem Zimmer vor sich gegangen. Die Delegationen. Und dann die Schriftsteller. Übereinstimmung alle suchen hatten müssen. Andere Prestigeskalen gegolten hatten. Und ja eigentlich eine Sicherheit. Auch eine Sicherheit, und solange es die DDR gegeben hatte, hatte sie gedacht, die Leute da wüßten etwas, was ihr unbekannt. Hätten ihr ein Wissen voraus. Aber wahrscheinlich war es so gewesen wie in der Kirche. Als Kind gedacht hatte, dieselben Regeln für alle. Eine große ruhige Ordnung. Und dann nicht die Regeln, die Auslegungen gegolten hatten. Ein Wust an Interpretationen und die Stärksten die richtigsten Gebote. Hatten die Mächtigen hier die bewußte Absicht des Einsperrens und Kleinhaltens gehabt. Oder doch wenigstens die besten Absichten. Und warum war dieses Nachmachen wichtig gewesen. Warum die Sitzgarnitur eine schlechte Kopie. Eine billigere. Und die Lüster. Und der Wandschrank. Der Teppichboden. Der Geruch. Warum hatte man sich nichts Eigenes ausgedacht. Warum war die DDR nicht das Paradies auf Erden geworden, in das man einwandern hätte mögen. Aber wenn die Delegationen sich in diesem Zimmer dann betrunken hatten. Nach den Terminen und Besprechungen. Nach der Abwägung, wieviel Geld die Übereinstimmung wert war. Welche Waffen. Wenn die Delegationen dann betrunken die Frauen über die Lehnen der Polstersessel gebeugt raten hatten lassen, wessen Schwanz in sie hineingesteckt. Und den nächsten Wodka, wenn sie es nicht erraten und am Ende die Flasche in den Hintern bekommen. Dann war alles wieder aus Mangel gewesen. Und nicht anders, als dieses Mitgehenmüssen nach dem Tanzstundenkränzchen, mit dem, der gefragt. Mitgehen müssen. Und im

Stadtpark dann. Nie aus Lust am Überfluß. Ein ganzes Leben immer nur gerade das Notwendigste an Lust. Nie aus der Sicherheit eines Befriedigtseins. Darin die Systeme jedenfalls gleich und sich nichts geändert und zu hoffen, die Frauen viele Strumpfhosen und Parfums und Westdevisen dafür bekommen. Wenigstens. Vielleicht sollte sie sich einen Callboy bestellen. Einem jungen Mann die Tür aufmachen, der ihr fremd bleiben konnte. Von dem Abschied nicht notwendig sein würde. Sie wäre nett zu ihm. Sie würde ihn in den Sessel setzen und sich auf ihn. Es wäre in diesem Zimmer das Richtige gewesen. Sie als Delegation und er als Entspannung. Und was bekamen Callboys für Geschenke. Nintendo statt der Seidenstrümpfe. Im Tennisclub immer wieder gehört hatte, daß es so nett wäre nach Budapest zu fahren. Die Mädchen da. Für ein paar Strumpfhosen und ein Parfum machten die alles. Aber auch schon alles, was man wollte. Das war 88 gewesen. Oder 89. Die Mädchen hatten hoffentlich ihre Preise ordentlich erhöht. Mittlerweile. Sie stand im Zimmer. Es war dunkler geworden. Grüner. Die Sonne hinter der Magnolie zwischen den Zweigen durchblitzte. Hier ja nicht einmal Hoffnungslosigkeit aufkommen konnte. Nur die Sitzgarnitur. Lud ein. Forderte auf, eine Party zu feiern und alle gleichmäßig zu kompromittieren. Und in den Lüstern wahrscheinlich Kameras versteckt gewesen. Und die Lüster deswegen so groß sein hatten müssen. Und die Huren und die Herren Kollegen nur ein Telefonat entfernt. Im regionalen Teil der Bildzeitung die entsprechenden Telefonnummern zu finden. Früher die Stasi das besorgt. In Wien dafür die Staatspolizei zuständig. Welche Schauspielerin war das, die man dem Schah in der Nacht mit Blaulicht ins Imperial transportieren hatte müssen. Sie setzte sich in den Sessel ans Fenster und sah auf den Fernsehapparat. Es gab keine Fernbedienung, und sie wollte nicht immer wieder aufstehen und umschalten. Hätte es irgendeine Möglichkeit gegeben, die Unschuld zu bewahren. Sie hätte in ihrem Zimmer sitzen bleiben sollen. In der Josefstadt. Aber das hatte sie nicht getan. Ja, sie hatte alles getan, dieses Zimmer zu vergessen. Heimatlos zu werden und alles anders zu machen als die Eltern. Und jetzt hatte sie beides nicht. Die Heimatlosigkeit nicht und die Heimat. Und deshalb auch ganz richtig war, in diesem Zimmer. In dieses Warte- und Orgienzimmer für Delegationen geraten zu sein. In dieses Zimmer, das einem die elendste Ehrlichkeit abpreßte. Die »Der-Mann-der-aus-der-Kälte-kam«-Ehrlichkeit, die nirgends endete. Dieses Zimmer war eine Falle. Eine Fallgrube. In jedem amerikanischen Motel. In einem dieser grauen klebrigen Motels, die »Pink Flamingo« hießen oder »Buenavista«. Da gab es immer die Möglichkeit weiterzufahren. Die Depression weiterzutragen. Hier. Im Abendland. Geteilte Existenz und ungeteilte Gefangenschaft.

Sie war ähnlich erfreut gewesen, ein freundliches Gespräch zu führen hier. Wie mit den Eltern. Die Frau hinter der Pankower Kirche, die Blumen aus ihrem Garten verkaufte. Die Lehrerin gewesen und ihre Rente verbessern mußte. Sie hatte gar nicht aufhören mögen, mit dieser Frau zu reden. Wie lange die Blumen halten würden. Daß sie das Wasser in der Vase nicht wechseln sollte. Die Frau hatte geraten, das Wasser nicht zu wechseln. Nur nachfüllen, hatte sie gesagt. Dann hielten die Blumen am längsten. Sie hatte 2 Blumensträuße bei der Frau gekauft. Die Blumen hatten sie an die Blumen im Garten der Großmutter erinnert. Weiße Glockenblumen. Federnelken. Kleine Feuerlilien. Fliederblätter. Sie hatte die Blumensträuße angelächelt. Und die Frau hatte sie angelächelt. Die Frau hatte hinter der Pankower Kirche mit ihren Blumen gestanden. Im Schatten von Fliedersträuchern. Die Sträuße in blauen Plastikkübeln. So schöne Blumen bekäme man nicht im Blumengeschäft. Darin waren sie sich einig gewesen. Die Frau hatte noch eine Lilie ein wenig aus dem Strauß gezupft, bevor sie ihn überreicht hatte. Sie hätte diese Frau umarmen können. Warum war es so kostbar, daß alle die gleichen Probleme hatten. Oder bekommen hatten. Und warum hatte sie sich so geniert, wenn auf den Interflug-Flügen von Berlin-Schöneberg nach Wien früher die Stewardessen mit ihrer Dinette gefahren kamen und Orangensaft und Wasser in Wachspapierbechern angeboten hatten. Als spielten Kinder

Flugzeug. Sie ging ins Schlafzimmer. Die Blumen standen auf dem Nachtkästchen des anderen Betts. Sie hatte sich nur ihr Bett überzogen. Das rechte Bett. Im linken Bett lagen nur die Matratzen. 3 Matratzenteile. Fleckig. Die Flecken dunkle Ränder. Braunrandig auf dem blauen Überzug mit kleinen weißen Sternen. Die Federnelken der Sträuße und die Lilien ein dünner Duft. Warme Luft durch das Fenster herein. Und Zeit, das Fenster zu schließen. In der letzten Nacht auf der Jagd nach Mücken gewesen. Mit einem Polster in der Hand regungslos gestanden, bis eine Mücke sich an der Wand oder der Zimmerdecke niedergelassen hatte. Dann mit dem Polster nach dem Insekt geworfen. Immer wieder. Immer wieder eine andere Mücke das Einschlafen mit dem singenden sirrenden Ton unterbrochen. Und nicht auszuhalten, wie sie sich dem Gesicht näherten. Die Stiche ja hinzunehmen gewesen wären. Sie ging wieder in das große Zimmer zurück. Hatte es Salon geheißen. Sie stand am Fenster und sah hinaus. Die Stadt war da. Erreichbar. Sie mußte nicht außerhalb bleiben. In diesem Haus und außerhalb.

Statistisch standen ihr noch 20 Jahre zu. Sie stand auf. Ging durch das Zimmer in die Küche. Stand vor dem Küchenfenster. An der Außenseite ein Vordach aus orangefarbenem Glas. Das Licht immer so, als schiene eine rote Sonne. Der letzte Abend im Mai. Sie würde wieder alles versäumen. Sie sollte sich umziehen. Herrichten und auf die Jagd gehen. In den Straßen herumstreifen. Sich in die Hackeschen Höfe setzen oder in eines der umliegenden Lokale und jemanden suchen, mit dem sie diesen letzten Abend im Mai. Oder mit der. Ohne Absicht sollte sie da sein und sich preisgeben und warten, was daraus werden konnte. Sie sollte diese Verschlossenheit aufgeben. Diese Abgeschlossenheit. Sie sollte sich betrinken. Aber öffentlich. Und dann die Belohnung für diese Entblößung kassieren. Was immer das dann sein mochte. Ekstase oder Erniedrigung. Die Gerechtigkeit der Nacht noch blinder sein mußte als die des Tags. Sie sollte sich in diese Stadt werfen. Sie war fremd hier. Sie gehörte zu keiner der beiden aufeinander lauernden Gruppen. Sie konnte mit allen reden. Nicht einmal Paul in Bayern war unbefangen gewesen und hatte über seinen Solidaritätszuschlag gemurrt und wieviel er denen zahle und was die täten damit. Sie sollte nehmen, was angeschwemmt kam ohne ihre Vorbehalte. Einen alten Stasi-Offizier fragen, wie es gewesen war. Einen Punk, wie es werden sollte. Ein Berliner Orakel. Sie sollte reden und weg von hier. Hinaus aus Pankow. Weg vom Majakowskiring, auf dem hin und wieder ein Hund spazieren geführt wurde und sich dieses unheimliche DDR-Gebäude in der Stillen Straße versteckte, in dem alles passiert sein konnte. Aber warum rutschten alle DDR-Phantasien immer ins Sexuelle. Warum war das ihr erster Gedanke hier gewesen. Hier in diesem Zimmer. In der Sauna im großen Haus.

In den verlassenen Bürogebäuden. In der Pankower Zimmervermietung. Im Park. Immer drängte sich ihr ein hastiges Ineinander auf. Hinter den Bretterzäunen der Russenabsperrungen. Hinter den Balkontüren, vor denen die Balkone abgeschlagen waren. Ein Ineinander-Aneinander und zur Vergewisserung zu leben und dann weiter zum nächsten Ineinander. Es war aber auf die Vergangenheit beschränkt. Jetzt auch in Ost-Berlin alles schnell. Viel schneller jedenfalls als in Wien. Aber sonst kein Unterschied. Der Lebensnachweis wohl ins Kaufen verschoben. Und hieß das, daß die Verzweiflung früher nicht so auf den Körper ausgedehnt gewesen war. Oder war die Verzweiflung im Körper gefangen gewesen. Hätte die Geiselnahme, hinter dieser Mauer sein müssen, den Körper gemeint. Wie hatte das den Körper betroffen. Hatte er einem dann mehr gehört. Wenn er immer wieder aufgegeben worden war. Oder war das eine stete Rückeroberung gewesen in der Lust. Und sie konnte es nicht. Sie wäre gerne einmal über die heißen Nachtstraßen gezogen und hätte sich dem hingegeben, was gekommen. Aber ein Männertraum und nur zu ihrem Verlust. Für dieses Abenteuer war sie nicht selbstquälerisch genug. Würde sie es machen können, wenn sie wüßte, es wäre der letzte Mai.

Sie sollte dieses Haus anzünden. Diesen Versuch, es dem Westen gleichzutun in Flammen begraben. Statt etwas Eigenes zu haben.

Sie ging in den Gang. Holte ihren Koffer hinter dem graugrünen Vorhang gegenüber dem Gästebad hervor. Trug den Koffer ins Schlafzimmer und packte ihre Kleider ein. 1 schwarzer Hosenanzug. 1 grünes Kostüm. 1 Paar schwarze Leinenjeans. Blusen. Pullover. Unterwäsche. Die Schuhe. 1 warmer Kaschmirpullover für kühle Tage. Sie hatte ihn nicht gebraucht. Die Toilettensachen. Sie schloß den Koffer. Sie hatte hastig gepackt. Unordentlich. Der Koffer war nicht zu schließen. Sie nahm den Kaschmirpullover wieder heraus. Der Koffer ging zu. Sie verstellte das Nummernschloß. Sie ging durch die Räume. Sie hatte nichts zurückgelassen. In der Küche legte sie das Messer in die Lade. Sie rief ein Taxi. Sie bräuchte einen Wagen zum Majakowskiring. Sie wolle zum Flughafen Tegel. Der Wagen käme in 7 Minuten, sagte man ihr. Sie stellte den Koffer vor die Haustür. Ging zurück die Handtasche zu holen und den Pullover. Sie ging ans Fenster im großen Zimmer. Schloß das Fenster. Sah sich um. Sie ging zur Schrankwand, nahm die Büste aus dem Regal. Die Büste, deren Gesicht nicht mehr erkennbar war. Sie strich mit dem Daumen über das Gesicht. Es fühlte sich weich kreidig an. Einen Augenblick hätte sie schreien mögen über die Verschwendung von Schicksalen. In diesem Zimmer. Aber es war wohl ihre Phantasie. Sie stellte die Büste zurück. Schloß die Glastür des Wandschrankes. Der Spalt nach links klaffte. Die Büsten würden atmen können. Sie schloß das Fenster im Schlafzimmer. Ließ die Holzjalousien herunter. Ging aufs Klo. Starrte noch einmal auf die fleckig blauen Kacheln im Badezimmer. Wusch sich die Hände. Legte die gebrauchten Handtücher über den Badewannenrand. Sie hätte das Bett abziehen sollen. Sie schloß die Tür zum Badezimmer. Dann die Tür zum Schlafzimmer. Die Tür zum großen Zimmer. Die Gangtür und dann die Haustür. Sie sperrte ab. Sie zog den Koffer nach. Die Handtasche und den Pullover über den linken Arm. Der Koffer rumpelte über die Betonplatten. Bei den Mülltonnen gegenüber dem Hintereingang des großen Hauses blieb sie stehen. Sie öffnete den Deckel der Mülltonne und ließ ihn nach hinten hinunterfallen. Sie hob den Koffer hoch. Stemmte ihn in die Höhe und ließ ihn in die Mülltonne fallen. Der Koffer ließ sich seitlich ein Stück in die Tonne stecken. Er ragte aus der Tonne noch heraus. Ein schwarzer Samsonite-Schalenkoffer mittlerer Größe. 1989 in Mailand gekauft. Mit ihm. Sie hob den Deckel der Mülltonne und lehnte ihn gegen den Koffer. Ordnung und die herzzerreißende Erbärmlichkeit eines rechtschaffenen Lebens. Sie ging hinaus. Das Taxi fuhr vor. »Tegel.« Sagte sie auf die Frage, wohin es gehen solle. »Zum Flughafen.«

Auszüge aus der Erzählung Majakowskiring.

174

ROBERT HASS

Bushs Krieg

Ich tippte die kurze Fügung »Bushs Krieg«
Als Titel auf ein weißes Blatt Papier
Und hatte nur eine vage Ahnung von einem Gedicht,
Das im Licht der Vernunft die Fakten,
Obwohl sie mir gerade nicht zur Hand,
In eine Reihenfolge brachte.
Berlin ist eine Stadt des Nordens. Und im Mai
Gegen Ende des zwanzigsten Jahrhunderts,
Im waldigen Viertel Dahlem Dorf,
Südlich von Grunewald, nahe der Krummen Lanke,
Ist der Frühling eine Sache des Nordens und beginnt lang
Vor Sonnenaufgang in einem Radau an Vogelgesang,
Wenn Amseln fröstelnd die Sonne hochschütteln als
Flüssiges Knäuel aus goldenem Draht. Die Kastanien
Haben zweierlei Blüten, rote und weiße,
Und die nassen Bürgersteige sind gesprenkelt davon,
Weiß glühend blühende Zipfel,
An U-Bahn-Haltestellen haften sie
Überall an den Schuhen. Grüne Steineichen,
Birkenkätzchen, das sanfte Grün des Ahorns
Und überall der Duft des Flieders.

Am Oskar-Helene-Heim-Bahnhof verkauft
Hinter einem Tisch ein Bauer Berge
Weißen Spargels; in einem Monat
Hat er Erdbeeren, noch einen Monat später
Pfifferlinge und kleine, rosafarbene Flußkrebse aus
    der Spree.
Die aufgehäuften Spargelbündel wirken
Überraschend phallisch, phallisch und sanft
Und totenblaß. Ihre jahreszeitliche Wiederkehr
Muß der letzte Ausläufer eines Fruchtbarkeits-
Ritus germanischer Stämme sein. Blanchiert haben sie
Die Farbe alten Elfenbeins. Im Mai serviert man sie
In Restaurants gehäuft auf weißen Tellern,
Mit Salzkartoffeln, Petersilie und Butter,
Mit Zitrone beträufelt und Parmaschinken,
Mit Sauerampfer und Räucherlachs. Und
Als wir in dem schräg auf das frische Laub
Der Birken und Ulmen fallende, weit leuchtende
Nördliche Licht nach Hause gingen,
Sang die Nachtigall zum ersten, zärtlichsten
Anbruch der Dämmerung, und war es Einbildung,
Daß die Vergangenheit vor uns zu liegen schien,
Als würde uns das Wogen eines prasselnden
Brennofens auf ein anderes Gleis schieben?
Flash: Luftangriff auf Hamburg,
Fünfzigtausend sterben in einer einzigen Nacht,
»Am nächsten Tag lagen die Leichen der Kinder

In den Straßen aufgereiht wie verkohlte Hähnchen
Auf dem Markt.« Flash:
Brandbomben auf Tokio, hunderttausend
In einer einzigen Nacht. Flash: Fünfundvierzig-
Tausend polnische Offiziere im Wald von Katyn
Von der Russischen Armee hingeschlachtet,
Das Pensum eines halben Tages. Flash:
Zwei Millionen russischer Kriegsgefangene
Werden entlang der Ostfront von der Wehrmacht
Ermordet, der Proviant geht zur Neige,
Winter 1943. Flash: Hiroshima.
Flash: Auschwitz, Dachau, Theresienstadt,
Und der Zug schlingert, der Magen flau,
An ausgestellten Haarbälgen,
Kofferbergen, Brillen vorbei. Flash:
In den Arbeitslagern sieben Millionen in Weißrußland
Und der Ukraine. In einer Frühlingsnacht, unter den
In Licht geschlagenen Birken, im unschuldigen Europa
Gehen Studenten Hand in Hand. Einer von ihnen
Trägt einen Roman bei sich, ein schmaler Band
Marguerite Duras auf deutsch
Über eine Affäre im alten Saigon. (Flash:
Zwei Millionen Vietnamesen, fünfundfünfzigtausend
Junge Amerikaner, ganze Arten tropischer Vögel
Vom Bombenteppich ausgelöscht.)
Genau solch einen Liebesroman von der
Liebe in Zeiten des Krieges liebt die Jugend.

Fünfundvierzig Millionen, alles in allem, in Weltkrieg zwei.
Im Frühling in Berlin, dem schönen Berlin,
Vergißt du nie dich darüber zu wundern,
Wie das alles bloß geschah, und auch die Menschen hier
Am Bahnhof, mit Kastanien an den Schuhen,
Damals noch Kinder oder nicht auf der Welt,
Vergessen nie sich zu wundern. Gefällt uns deshalb,
Wenigstens vor Mädchen in geblümten Kleidern,
Das Beieinander von Küssen und Bomben so sehr?
Irgend jemand wird immer den Tod im Riesenmaßstab
Mobilisieren – aus Rache oder wirtschaftlichem
Primat. Und die Aufgabe, das bloße
Projekt, bemächtigt sich der Phantasie.
Das Militär ist eine Ingenieurskaste.
Schau nur, wie Jungs spielen: Nichts interessiert mehr,
Als Wege, Dinge in die Luft zu jagen.
Und der Rest von uns muß sich fügen.
Doch warum tun wir das bloß? Sicher, da ist die Wut
Zu verwunden, was uns verletzt. Kriege
Werden uns immer auf diese eine Art erklärt.
Gut bezahlte Nachrichtensprecher verlesen die Gründe,
Sind auf Sendung. Und »wir«, tatsächlich verletzt
Oder durch andere von unseren Wunden überzeugt,
Identifiziert man wie immer mit der Tugend. Ja, die Wut
Zu verletzen, gepaart mit Selbstgerechtigkeit
Und Furcht – das ist das Mörderische.
Der junge Araber rasierte sich, Akt der

Reinigung, am ganzen Körper, bevor er das Flugzeug
In das Bürogebäude trieb. Es ist keine bloße
Gewalt, es ist die Lust an der Macht,
Die den Körper so tief zu verachten lehrt.
Und vielleicht glauben deshalb Menschen,
Das Geschenk der Freiheit, die Tugend
Ihrer verletzten Killer, sei den toten Frauen
Im Schutt von Bagdad zuteil geworden,
Frauen, die ihre Stimmen weder für
Den Tod noch für ihren Sterbeblick
Auf die bloßgelegten Knochen, das rohe
Weiß, ihrer Männer und Kinder erhoben.
Schwer zu entscheiden, was schwerer wiegt,
Die geistige Trägheit oder die moralische Schande.
Doch was bringen unsere Urteile den Toten?
Und der Tod, der Abräumer, Walt Whitmans
Süßer Tod, der Säuberer, der zärtlich
Liebende, der Liderschließende, verwandelt
Die Leichenberge in sommerliches Obst,
In der Dämmerung fressen Elstern die dunklen Beeren,
Und der Pollen der Birken bestäubt die Bürgersteige
Mit flüchtigstem Gold. Bald nur – Goethe – nein,
Warte nur, balde ruhest du auch. Warte nur,
Denn bald genug wirst du schon ruhen. In Dahlem,
Unter Kastanien, in einem Frühling voll Laub.

Aus dem amerikanischen Englisch von Hans Jürgen Balmes

YANN MARTEL

Berliner Monate

Ich kam Anfang Oktober 2002 in Berlin an, eine Woche vor Semesteranfang. Ich bezog das Quartier, das die
Freie Universität mir in Dahlem besorgt hatte.

»Und wo ist Berlin?« fragte ich mich. Diese An-
sammlung von Bäumen, Seen und Villen konnte doch
nicht die deutsche Hauptstadt sein? Ich wartete ja beinahe, daß ich Kuhglocken hörte.

Nicht daß ich etwas gegen Ruhe und Frieden gehabt
hätte. Es gab ein Buch, das ich in Berlin schreiben wollte,
und je weniger Ablenkung, desto besser.

In meinem neuen Roman sollte es um ein Schlüssel-
ereignis des 20. Jahrhunderts gehen, den Massenmord,
den die Deutschen und ihre Verbündeten zwischen 1933
und 1945 an den Juden verübten. Darüber zu schreiben
ist nicht leicht. Selbst die Suche nach dem richtigen Ausdruck dafür stellt einen schon vor Schwierigkeiten.
Der gebräuchlichste, Holocaust, führt in die Irre, denn
es ist ein religiöser Begriff, der das Verbrennen eines
Weiheopfers bezeichnet. Im Dritten Buch Mose ist von
einer Taube oder einem Lamm als Opfertier die Rede,

und es wird geopfert, um Gott nach einer begangenen Sünde gnädig zu stimmen. Das trifft auf das, was in Europa unter den Nazis geschah, nicht im mindesten zu. Die Opfer waren Menschen, keine Tiere, die Täter waren keine Glaubensgemeinschaft, die Vergebung für eine Sünde erflehte, und einen Gott, der ein solches Opfer verlangt hätte, gibt es nicht. Das einzige, was für das Wort »Holocaust« spricht, ist das Mittel, das die Deutschen zur Beseitigung der Leichen wählten, nämlich das der Verbrennung. Was nun den in vielen europäischen Ländern üblichen Ausdruck »Shoa« angeht, so bedeutet er auf Hebräisch soviel wie »Zerstörung«, was vielleicht weniger unpassend, aber ebenso ungenau ist; es ist ein Ausdruck, den zum Beispiel Portugiesen ebensogut auf das Erdbeben anwenden könnten, das im Jahr 1755 Lissabon verwüstete. Und wenn es schon so schwer war, auch nur den richtigen Namen dafür zu finden, wie schwer mochte es dann sein, über diese Dinge zu sprechen und die Erinnerung daran wachzuhalten?

Der Schrecken – wäre das nicht ein guter Ausdruck? – ist nicht die Art von Material, aus der sich leicht Literatur machen läßt. Die Täter sind dermaßen bösartig, daß es unglaubwürdig wirkt, die Opfer sind unschuldig, die Geschehnisse durch und durch düster. Man könnte Krieg als einen Ehestreit im vergrößerten Maßstab beschreiben, Kolonialismus als Ladendiebstahl im großen Stil; das sind Dinge, die auch ein Kind begreifen kann. Aber keiner von uns hat in seinen Erfahrungen etwas, was sich mit dem Völkermord an den Juden vergleichen ließe. Es geht weit über alle Begriffe, die wir von Mord oder Vergewaltigung haben, hinaus. Den eigenen Tod kann man sich vorstellen oder den der Eltern, selbst der Tod unserer Kinder wäre etwas, was wir begreifen könnten. Aber sechs Millionen Tode? Das kann unser Verstand nicht fassen. Zwei Dinge folgen daraus: Zum einen, daß so gut wie alles, was wir darüber lesen, in sachlichem, dokumentarischem, nüchternem Ton gehalten ist; wir halten unsere Phantasie an der kurzen Leine, wenn es um den Schrecken geht. Und zum zweiten wird dieses Thema, wenn es zur Sprache kommt, zwar intensiv besprochen – wie könnte es anders sein? –, doch trotzdem bleibt es flüchtig. Nach einer Lektüre von Anne Franks Tagebuch geht man wieder zum Alltag über. Wer kann denn dauernd an all die toten Juden denken und daran, was daraus zu folgern wäre? Wir denken viel weniger daran, als wir zugeben wollen. Das ist kein böser Wille. Es liegt daran, daß es für Völkermord einfach keine Metaphern gibt, die in unser Alltagsleben passen. Kinder spielen Krieg, Kriegsfilme können überall und zu jeder Zeit spielen – es gibt ja immer irgendwo einen, den man als Vorbild nehmen kann –, eine Kriegsgeschichte läßt sich als Drama, als Komödie, als Romanze, als Abenteuer, als Dokumentation, als Kabarett aufmachen, als praktisch alles, und wir reden und schreiben von Krieg und meinen damit alles Erdenkliche, vom Bombenhagel bis zu einem kleinen Streit zwischen Verliebten. Man mag es bedauern, aber der Krieg lebt in unserer Phantasie, wir kommen mit ihm zurecht. Aber das gilt nicht für den Schrecken, für das, was vor sechzig, siebzig Jahren mit Menschen, die in Mitteleuropa zu Hause waren, geschehen ist.

Ist es möglich, einen Roman über den Schrecken zu schreiben, ohne daß alle schon zu Anfang einen überdrüssigen Seufzer ausstoßen, die Augen zum Himmel heben, ohne daß die Leute sich innerlich einmummeln wie für einen langen und langweiligen Gottesdienst? Kann man das Thema am Leben halten ohne die Schwarzweißfotografien, ohne den üblichen Rückgriff auf die historischen Fakten? Anders gefragt, können wir für den Schrecken einen Platz in der Welt unserer Phantasie finden?

Ich dachte, ich probiere es mit Tieren.

Wo hätte ich das besser tun können als in der Hauptstadt, von der einst der Schrecken seinen Anfang nahm?

Aber zuerst kamen meine akademischen Pflichten. Im Frühling zuvor hatte ich eine Einladung angenommen, für fünf Monate an die FU zu kommen und eine Vorlesung zu halten. Ich tat es im falschen Glauben, bei der Vorlesung handle es sich um ein einzelnes, einmaliges Ereignis, und war begeistert – fünf Monate Kost und Logis und nur ein einziger Vortrag als Gegenleistung.

Dann erhielt ich Ende Juli, lange nach meiner Zusage, eine e-Mail vom Institut für Allgemeine und Vergleichende Literaturwissenschaft: Ob ich bitte Titel und Inhalt meiner Lehrveranstaltung mitteilen könne?

Was denn für eine Lehrveranstaltung?

Das deutsche Wort »Vorlesung« kann sowohl eine einmalige Veranstaltung bezeichnen als auch eine ganze Veranstaltungsreihe. Das sollte man in der angelsächsischen Welt bekannter machen. Ich hatte mich zu einem sechzehnwöchigen Kurs verpflichtet.

Bei den Vorbereitungen war mir nicht ganz wohl in meiner Haut – schließlich bin ich Schriftsteller und kein Akademiker, das heißt, mein Wissen ist fragmentarisch, anekdotisch, ich habe kein Fachgebiet, ich bin eher ein Schmetterling als ein Maulwurf, und der Rang eines »Samuel-Fischer-Gastprofessors für Literatur« lastete nun schwer auf mir.

Ich ließ mir als Titel für meine Veranstaltung »Das Tier in der Literatur« einfallen. Mein Roman *Schiffbruch mit Tiger* war eben erschienen; Tiere spielen eine gewisse Rolle darin, und ich sah ihn schon als Literatur an. Das war meine Qualifikation.

Wir begannen mit dem Alten Testament. Die Menschen, sagte ich zu meinen Studenten, schuf Gott am selben Tag wie die Tiere. Seht euch an, was für eine Vielfalt von Tieren es im Alten Testament gibt. Seht euch an, mit wieviel Sorgfalt die Juden die Erde hüten. Und dann das Neue Testament im Vergleich. Weit weniger Tiere, größtenteils Nutztiere, und in der Regel treten sie nur als Metaphern auf, der Esel als Zeichen der Bescheidenheit, der Hahn, der kräht, als Petrus den Herrn verrät. Wieso ist das so, fragte ich meine Studenten. Weil das Judentum, gab ich zur Antwort, viel Sinn für das *Lokale* hat, für die Zugehörigkeit zu einem ganz bestimmten Ort. Der Tempel war nicht einfach nur irgendein Tempel, es war der Tempel in Jerusalem. Auch das Heilige Land war etwas geographisch Eindeutiges, mit echten Flüssen und Bergen und Ebenen und echten Tieren. Das Judentum hat immer seine Wurzeln behalten. Nächstes Jahr in Jerusalem, sagen die Juden – und meinen das echte Jerusalem hier auf Erden, kein Neues Jerusalem im jenseitigen Leben. Das Christentum hingegen ist an *Personen* gebunden, an erster Stelle natürlich an die Person Christi. Und wer sich stark an Personen gebunden fühlt, wird sich weniger stark an Orte gebunden fühlen, Orte mit ihrer ganz bestimmten Flora und Fauna. Und dieser Unterschied zwischen der Bindung an Orte und der Bindung an Personen war der kleine Riß, der sich – erzählte ich meinen Studenten – im Laufe der Jahrhunderte zu jener Kluft weitete, der heute Menschen und Tiere trennt, eine christliche Kluft so breit, daß manche, Leute wie Descartes, in Tieren nichts weiter als Maschinen sahen, die keinerlei Emotionen hatten, geschweige denn eine Seele. Eine Brücke über diese Kluft, und im Abendland bis zum heutigen Tag eine sehr wacklige Brücke, wurde erst im Jahr 1859 geschlagen; damals erschien Darwins *Ursprung der Arten*, das Buch, das aus denen, die uns so anders als wir und so weit unterlegen vorgekommen waren, plötzlich Verwandte machte.

Wir nahmen uns Shakespeares *Macbeth* als Beispiel vor. Seht euch an, wie geradezu obsessiv dieses Stück auf Menschen fixiert ist, sagte ich den Studenten. Das anthropozentrische Weltbild ist für uns eine solche Selbstverständlichkeit, wir merken es gar nicht.

Aber wie anders sind im Vergleich Jack London und Franz Kafka, zwei weitere Beispiele, die wir uns ansahen. Bei Shakespeare ist die Natur nur der Hintergrund zu dem menschlichen Drama, das ganz im Mittelpunkt steht; bei Jack London ist es das genaue Gegenteil: Hier steht die Überlegenheit der Natur außer Frage, und der Mensch ist nur ein Statist, der ganz am Bildrand um sein Überleben kämpft.

Ich hatte also meine Vorlesung, ich hatte meinen Roman. Ich würde in Berlin schon ordentlich zu tun haben.

Das kann man sagen.

Ende Oktober – ich hatte erst zwei Sitzungen hinter mir und die Notizen für den Roman gerade erst aus dem Koffer geholt – flog ich nach London. Ich war mit *Schiffbruch* in die Endausscheidung für den Booker-Preis gekommen. Kein Mensch, mich eingeschlossen, rechnete damit, daß ich den Preis bekäme, aber – um es kurz zu machen – ich bekam ihn.

Und danach hatte ich in Berlin dann wirklich zu tun. Ich tauchte ganz ein in den schönen Strudel des Literaturbetriebs, wie es jedem geht, der mit einem der größeren Preise ausgezeichnet wird, Wellen von e-Mails schwappten über mich hinweg, das Telefon stand nicht mehr still, es kamen Interviews, Termine überall in Europa und Nordamerika.

Meine Studenten sollten nicht darunter leiden. Ich habe die Vorlesungen weitergeführt, so gut ich konnte.

Und ich selber habe auch nicht gelitten. Im Gegenteil, ich genoß die Aufregung. Ein Schriftsteller lebt ja in der Regel sehr beschaulich, und da war der Trubel, der plötzlich herrschte, eine willkommene Abwechslung.

Was allerdings schon litt, was zu kurz kam, das waren Berlin und mein Roman.

Ich werde zurückkommen müssen, nicht nur zu dem Roman, auch nach Berlin.

Aus dem Englischen von Manfred Allié

ALBERTO MANGUEL

Die Bibliothek der Mnemosyne

Wenn eine Geschichte mit dem Finden beginnt,
muß sie mit der Suche enden, sagte er.
PENELOPE FITZGERALD, Die blaue Blume

Nachts wird meine Bibliothek von den Lichtkegeln der
Leselampen in zwei Hälften geteilt: oben die Bücher-
reihen, die ich kenne, aber nicht sehe, weil sie in Dunkelheit getaucht sind, unten die privilegierte Abteilung der
beleuchteten Buchrücken. Diese willkürliche Unterteilung, die gewissen Büchern eine lebhafte Präsenz verleiht
und andere in den Schatten verbannt, ist jedoch überla-
gert von einer anderen Ordnung, einer umfassenderen
Bibliothek, die ihre Existenz einzig meinem Erinnerungsvermögen verdankt. Meine Bibliothek kommt ohne Katalog aus. Da ich die Bücher selbst ins Regal geräumt
habe, finde ich sie meistens mit Hilfe meiner inneren
Kartographie, und die hellen oder dunklen Zonen haben
nicht viel Einfluß auf meine Suche, außer daß sie das
Auffinden erleichtern oder erschweren. Die erinnerte
Ordnung folgt einem Muster, das die Struktur aus Holz
und Papier wiedergibt wie ein wolkiger Spiegel. Ich habe die Gestalt und die Unterteilung meiner Bibliothek
verinnerlicht wie ein Astrologe, der die einzelnen Ster-
nenpunkte zu narrativen Mustern verbindet, aber umge-

kehrt enthält auch die Bibliothek die Konfiguration meines inneren Bilds und wird zu dessen Astrologen. Die durchdachte und doch willkürliche Ordnung der Regale, die Setzung von Themen, die persönliche Überlebensgeschichte eines jeden Buches, die Spuren gewisser Zeiten und Orte auf den zusammengepreßten Seiten bezeugen einen ganz bestimmten Leser. Ein aufmerksamer Beobachter könnte mich an einem zerlesenen Exemplar der Gedichte von Blas de Otero erkennen, an der Zahl der Bände von Robert Louis Stevenson, an der großen Menge Kriminalromane, an der winzigen Abteilung für Literaturtheorie, am Umstand, daß es viel Platon und wenig Aristoteles in meinen Regalen gibt. Jede Bibliothek ist Autobiographie.

Was eine Bibliothek zum inneren Abbild ihres Besitzers macht, ist aber nicht so sehr die Auswahl der Bücher als vielmehr das Geflecht der Assoziationen, in das diese Auswahl verwoben ist. Unsere Bücher bauen auf anderen Büchern auf, durch die sie verändert oder bereichert werden, durch die sie eine ganze eigene Provenienz und Geschichte bekommen. Ich bin außerstande, all diese Verflechtungen zurückzuverfolgen, und habe vergessen oder nie gewußt, wieviele dieser Bücher miteinander zu tun haben. Stelle ich eine Verbindungslinie her – Dan Jacobsons *Afrikanische Geschichten* rufen mir Tania Blixens *Jenseits von Afrika* ins Gedächtnis, das mich an ihre *Phantastischen Geschichten* denken läßt, die mich auf Edgardo Cozarinsky zurückverweisen (der mich in das Werk von Tanja Blixen einführte) und auf sein Buch und seinen Film über Borges und noch weiter zurück auf die Romane von Rose Macaulay, die ich eines Nachmittags vor langer Zeit in Buenos Aires mit Cozarinsky diskutierte, wechselseitig überrascht, daß auch ein anderer sie kannte –, dann vermisse ich die anderen Stränge dieses komplexen Gewebes, und ich staune, daß ich zum Beispiel Ovids Tristien spinnenflink mit den scheinbar unendlich weit davon entfernten Gedichten des 1492 aus Spanien nach Nordafrika vertriebenen Abdurrahman verknüpfe. Dabei ist diese Verknüpfung keineswegs eine zufällige. Ein Buch verweist nicht einfach auf ein anderes; das nachfolgende modifiziert das vorangegangene durch Teilübersetzungen und Kommentare, es übernimmt ein spezifisches Textverständnis von den erinnerten Seiten, die dem neu Gelesenen einen eigenen Sinn verleihen. *Don Quijote,* nach *Kim* gelesen, und *Don Quijote,* nach *Huckleberry Finn* gelesen, sind zwei verschiedene Bücher, verwandelt zudem durch die subjektive Erfahrung eines jeden Lesers mit Reise, Freundschaft, Abenteuer. Das Kaleidoskop ist unerschöpflich: Jede Lektüre eröffnet eine andere Dimension, ein neues Muster. Vielleicht ist letztlich jede Bibliothek unerfaßbar, weil sie sich selbst reflektiert wie der menschliche Verstand und sich durch jede Reflexion exponentiell vervielfacht. Den-

noch erwarten wir von einer Bibliothek aus handgreif-
lichen Büchern eine Starre, die wir unserer inneren Bibliothek nicht abverlangen.

Derartig fließende geistige Bibliotheken sind (oder waren) nichts Ungewöhnliches: Für die arabische Literatur
sind sie exemplarisch. Zwar wurde der Koran sehr früh
schriftlich fixiert, aber der größte Teil früharabischer
Literatur blieb lange Zeit dem Gedächtnis seiner Leser
überantwortet. Als 815 der große Dichter Abu Nuwas
starb, fand sich keine schriftliche Fassung seiner Werke.
Der Dichter hatte sie alle im Kopf gehabt, und um sie zu
Papier zu bringen, mußten sich die Schreiber auf das
Gedächtnis derer stützen, die dem Meister gelauscht
hatten. Ein präzises Erinnerungsvermögen war von
größter Wichtigkeit, und das ganze islamische Mittel-
alter hindurch wurde das Lernen durch Zuhören höher
geschätzt als die private Lektüre, weil der Text auf diese
Weise mit allen Sinnen aufgenommen wurde und nicht
nur mit den Augen. Die Autoren veröffentlichten ihre
Texte nicht durch eigene Niederschrift, sondern diktier-
ten sie (imla) ihren Helfern, und die Schüler lernten, indem sie diese Texte vorgelesen bekamen (sami'a min)
und dem Lehrer vorlasen (gara'a a la). Weil im Islam die
mündliche Überlieferung als die einzig legitime galt,
wurde das Gedächtnis (und nicht seine physische Reprä-
sentanz in der Welt der Regale und Manuskripte, ob-

wohl diese wichtig genug war, um in Moscheen und Schulen konserviert zu werden) als der entscheidende Speicherort einer Bibliothek betrachtet.

Doch bei aller Sorgfalt der Lektüre zeigen erinnerte oder auswendig gelernte Texte die Neigung, zu zerfallen, sich mit anderen zu vermengen, zu schrumpfen oder zu wachsen. In meiner inneren Bibliothek ist Shakespeares *Sturm* auf ein paar unsterbliche Zeilen reduziert, während ein schmaler Roman wie *Pedro Páramo* von Juan Rulfo meine ganze mexikanische Vorstellungslandschaft ausfüllt. Ein paar Sätze in Orwells Essay *Shooting an Elephant* wachsen in meiner Erinnerung auf mehrere Seiten voller Beschreibung und Reflexion an, die ich sogar gedruckt vor mir sehen kann, und von dem langwierigen mittelalterlichen Roman *Das verschlungene Herz* erinnere ich nicht mehr als den Titel. In den Augen eines aufmerksamen Beobachters bilden die Labyrinthe meiner zwei Bibliotheken eine geheimnisvolle Korrespondenz. Doch einen solchen Beobachter wird es nicht geben. Das Beharrungsvermögen der Erinnerung sorgt dafür, daß die innere Bibliothek am Ende beständiger ist als die Bibliothek aus Papier und Druckerschwärze.

1920 besuchte Ernst Cassirer, kurz zuvor auf den Lehrstuhl für Philosophie an der Hamburger Universität berufen und mit dem ersten Band seines bahnbrechenden Werkes *Philosophie der symbolischen Formen* befaßt, die berühmte Warburg-Bibliothek. Aby Warburg hatte sie dreißig Jahre zuvor gegründet, und gemäß seinem Weltbild standen die philosophischen Werke in der Abteilung Astrologie, Magie und Folklore, die Kunstbände standen neben den Werken der Literatur und Religion, während sich die philologischen Bücher zu den Werken über Theologie, Dichtung und Kunst gesellten. Cassirer wurde von Fritz Saxl, dem Betreuer dieser einzigartigen Bibliothek, begleitet, dem er am Ende der Führung versicherte: »Hierher komme ich nie wieder. Wenn ich dieses Labyrinth noch einmal betrete, verliere ich am Ende meinen eigenen Weg.«

Jahre später fand Cassirer eine Erklärung für seinen Schock: »(Warburgs) Bibliothek ist nicht einfach eine Büchersammlung, sondern ein Problemkatalog. Und es sind nicht die Themenfelder der Bibliothek, die in mir diesen überwältigen Eindruck hervorriefen, sondern eher ihr Ordnungsprinzip, das weit wichtiger ist als der bloße Umfang der erfaßten Themen. Hier standen Kunstgeschichte, Religions- und Mythengeschichte, die Geschichte der Linguistik und Kultur nicht nur Seite an Seite, sondern waren miteinander verbunden und alle zusammen wiederum mit einem einzigen ideellen Zentrum verknüpft: dem Nachleben der Antike, einem Problem rein historischer Natur.« Nach Warburgs Tod im Jahr 1929 verglich Cassirer den elliptisch geformten Bibliotheksraum mit dem »Atem eines Zauberers«. Und die Feststellung, daß Warburgs Büchersammlung genauso eigensinnig strukturiert war wie Warburgs Denken, erinnerte Cassirer an Shakespeares Prospero, der seine Bücher als lebensrettende Bastion betrachtet.

Aby Warburg wurde am 13. Juni 1866 als ältester Sohn eines jüdischen Bankiers in Hamburg geboren. Fotos zeigen einen untersetzten, schüchtern dreinblickenden Mann mit ausdrucksvollen dunklen Augen. In einem Fragebogen, den er sich zum eigenen Vergnügen ausdachte, beschrieb er sich als »kleinen Herrn mit schwarzem Schnurrbart, der manchmal Dialektgeschichten erzählt.« Da er sich den Aufforderungen seines Vaters, Bankkarriere und jüdische Orthodoxie miteinander zu vereinen, nicht gewachsen fühlte, kämpfte er lange mit Ängsten und Depressionen, und er suchte Zuflucht in der Welt der Bücher, vertiefte sich in die antike Philosophie, in die Renaissance, den Buddhismus, die indianischen Kulturen. Er schien unfähig, sich in den vorgezeichneten Bahnen eines Fachs oder einer Denkrichtung zu bewegen, alle seine Unternehmungen waren von elektrischer Neugier geleitet.

Die Leidenschaft für Bücher und Bilder erfaßte ihn schon in der Kindheit. Zu seinen frühen Bildungserlebnissen

zählte er die Begegnung mit den packenden Illustratio-
nen zu Balzacs *Kleinen Leiden der Ehe* mit sechs Jahren
und, ein paar Jahre später, die Lektüre zahlloser India-
nergeschichten. Mit Hilfe solcher Bilder und Abenteuer
hat er »offenbar das Mittel gefunden, mich von einer er-
schütternden Gegenwart, die mich wehrlos machte, ab-
zuziehen ... Die Schmerzempfindung reagierte sich ab
in der Fantasie des Romantisch-Grausamen. Ich machte
da die Schutzimpfung gegen das aktiv Grausame durch.«
Seine Geschwister sahen ihn immer nur von Büchern
umgeben, er las alles, was ihm vor die Augen kam, auch
das große Konversationslexikon vom ersten bis zum
letzten Band.

Es gibt Leser, für die eine Buchseite nicht nur zur nächste Buchseite, sondern zu vielen anderen überleitet; ein
Buch verlangt nach seinem Gegenstück oder seiner Wi-
derlegung, und kein Buch ist jemals in sich abgeschlossen. Für solche Leser ist jedes Buch eine unendliche
Bibliothek, die sich in alle Richtungen erstreckt, durch
alle Epochen und Kulturen. Das Ansammeln von Büchern wurde für Warburg zur Obsession. An seinem
dreizehnten Geburtstag, schon entschlossen, weder Karriere noch Religion des Vaters fortzusetzen, bot er seinem jüngeren Bruder Max das Erstgeburtsrecht an: Er
wollte das Privileg, als ältester Sohn das Geschäftserbe
anzutreten, gegen das Versprechen tauschen, daß Max

ihm für immer alle Bücher bezahlen sollte, nach denen ihm der Sinn stand. Max, zwölf Jahre alt, willigte ein und blieb seinem Versprechen zeitlebens treu.

Warburgs Sammelleidenschaft war niemals ziellos, im Gegenteil: Von früh an, so scheint es, verfolgte er mit seiner Lektüre ganz spezifische Fragestellungen. Vielfach stellen Leser mit Erstaunen fest, daß ihre Kindheitsbücher auf Interessen hindeuten, die erst sehr viel später zutage traten, von denen sie damals nichts wußten und die dennoch in ihnen reiften, lange bevor sie dies in Worte fassen konnten. Warburg fand den erhellenden Nachhall seiner kindlichen Leseeindrücke in Lessings *Laokoon*, den er beim Eintritt in die Bonner Universität las. Der Essay wurde für ihn zum Schlüsselerlebnis. »Man muß Jüngling sein, um sich zu vergegenwärtigen, welche Wirkung Lessings *Laokoon* auf uns ausübte, indem dieses Werk uns aus der Region eines kümmerlichen Anschauens in die freien Gefilde des Gedanken hinriß«, schrieb der gereifte Goethe etwa fünfzig Jahre nach der Entstehung des Essays in *Dichtung und Wahrheit*. »Das so lange mißverstandene *ut pictura poesis* war auf einmal beseitigt, der Unterschied der bildenden und Redekünste klar; die Gipfel beider erschienen nun getrennt, wie nah ihre Basen auch zusammenstoßen mochten.« An Lessings Werk schätzte der junge Warburg nicht nur die kraftvolle Erörterung des Unterschieds zwischen bildlichem und sprachlichem Ausdruck, sondern vor allem die Idee, daß jede Epoche ihren eigenen Zugang zur Überlieferung schafft und darauf ihre eigenen Symbole gründet. »Bedeutung ist immer kulturbedingt«, schrieb David Lewis-Williams – eine Feststellung, hinter der sich mehr als nur Binsenweisheit verbirgt, wenn wir Bedeutung als Symbolbedeutung verstehen und Kulturbedingtheit als Auseinandersetzung mit den Gegebenheiten einer bestimmten Epoche. In Warburg entstand die Frage, wie sich unsere ältesten Symbole in den verschiedenen Epochen erneuern und wie ihre Reinkarnationen miteinander korrespondieren. Ein häufig wiederkehrendes Motiv in der geistigen Entwicklung Warburgs findet sich in seinem Begriff der Kompatibilität – Erkenntnis durch Verknüpfung. So wird es kaum überraschen, daß er seine Bibliothek mit den Worten des Kritikers Ewald Hering beschrieb: »Gedächtnis als organisierte Materie.«

Die Bibliothek, die Warburg in seiner Jugend aufbaute und die er 1909 in sein neues Haus in der Hamburger Heilwigstraße überführte, war vor allem eine persönliche und folgte einem eigenwillig eklektischen Katalogprinzip. Im Übergang vom 18. zum 19. Jahrhundert tobte in Deutschland eine heftige Debatte um das ideale Ordnungsprinzip für Bibliotheken. Die eine Partei schwor auf eine hierarchisch-thematische Ordnung, die den Leser von einem Wissensgebiet zum anderen leiten sollte (und die zum Beispiel von den frühen chinesischen Enzyklopädisten angewandt wurde), die andere gründete ihr Ordnungssystem auf das Format der Bücher und das Datum ihrer Erwerbung, was dem Benutzer bei der Auswahl ein Maximum an Freiheit bietet (sehr praktisch und schon in einigen mittelalterlichen Bibliotheken zu finden). Warburg war mit beiden Methoden unzufrieden. Er forderte von seinen Büchern Beweglichkeit und Lebendigkeit, er wollte sie weder in thematische Kategorien noch in eine starre Chronologie einzwängen. Fritz Saxl, der die Bibliothek während Warburgs Erkrankung betreute und wesentlichen Anteil an ihrer Umwandlung in ein wissenschaftliches Forschungszentrum hatte, notierte 1943, wie Warburg auf das mechanische Katalogisieren reagiert hatte, das im Zeitalter wachsender Buchproduktion die »viel bildungsträchtigere Vertrautheit, die man beim Stöbern gewinnt«, ersetzte. Laut Saxl »erkannte Warburg die Gefahr. Er sprach vom Gesetz des guten Nachbarn. Das Buch, das einem in den Sinn kam, war meist nicht das Buch, das man brauchte. Der unbekannte Regalnachbar enthielt die entscheidende Information, obwohl sein Titel das vielleicht nicht vermuten ließ. Die bestimmende Idee war, daß alle Bücher zusammen – jedes mit seinem größeren oder kleineren Stück Information durch seinen Nachbarn ergänzt – den Lernenden kraft ihrer Titel zur Wahrnehmung der

Wesenkräfte des menschlichen Geistes und seiner Geschichte hinleiten sollten. Bücher waren für Warburg
mehr als nur Hilfsmittel der Forschung. In ihrem orche-
stralen Zusammenwirken waren sie für ihn der Ausdruck
des Menschheitsgeistes in seiner konstanten und wech-
selhaften Gestalt.«

Nicht nur auf Bücher traf das zu. Warburg verfügte über
ein ausgezeichnetes Bildgedächtnis und war in der Lage,
komplizierte Gewebe aus ikonographischen Assoziationen zu knüpfen, die er dann in fragmentarischen Essays
auszubreiten versuchte; nur mit seinem Gedächtnis für
Buchtitel haperte es. Nach dem Studium der Antiquari-
atskataloge verzeichnete er die Titel, die ihn interessier-
ten, auf kleinen Karteikarten und kommentierte sie in
seinem »Aalsuppenstil«, um sie dann nach einem kom-
plizierten (und variablen) System in verschiedenen Kä-
sten abzulegen. Die ihn kannten, sprachen vom Instinkt,
dem er bei der Zusammenstellung wichtiger Bibliogra-
phien zu seinen Lieblingsthemen vertraute, einem Instinkt, der ihn dazu trieb, die Bücher seiner Bibliothek
immer von neuem umzustellen, entsprechend den Ge-
dankenlinien, die er gerade verfolgte. Nach seiner Vorstellung war die Bibliothek vor allem eine Anhäufung
von Querbezügen, und jeder Querbezug rief ein neues
Bild, einen neuen Text heraus, bis der Leser allmählich
wieder zu der Seite zurückgeführt wurde, von der er aus-

gegangen war. Für Warburg war jede Bibliothek zirkulär.

Warburg widmete seine Bibliothek (die er »Kulturwissenschaftliche Bibliothek Warburg« nannte) der griechischen Göttin Mnemosyne, der Mutter der Musen. Die ganze Menschheitsgeschichte war für ihn das permanente Bemühen, mit immer neuen Mitteln archaischen Erfahrungen Stimme und bildlichen Ausdruck zu geben – weniger individuell als gattungsbezogen und eingebettet ins kulturelle Gedächtnis.

Wie viele Gelehrte seiner Zeit war er von den Lehren Richard Semons beeinflußt, der für eine physiologisch fundierte Theorie der Gefühle plädierte. Laut Semon ist das Gedächtnis eine Qualität, die lebende von toter Materie unterscheidet. Jedes Ereignis, das auf lebende Materie einwirkt, hinterläßt ein »Engramm«, das aktiviert werden kann, wenn wir uns »erinnern«. Warburg sah in diesen Engrammen die Symbole, die dem Kern jeder Kultur innewohnen, und ihn trieb die Frage um, warum etwa die Kultur der Renaissance eine so starke Vorliebe für bestimmte Symbole oder deren einzelne Aspekte entwikkelte, daß diese den künstlerischen und literarischen Stil der Epoche prägten. Wegen seiner unheimlichen Macht nannte Warburg das solcherart aktivierte Gedächtnis eine »Gespenstergeschichte für ganz Erwachsene«.

Wie mochte sich Cassirer in der Bibliothek gefühlt haben, die er mit »Prosperos Bastion« verglich? Die meisten Bibliotheken vermitteln den Eindruck einer Systematik, einer Ordnung, die, wie willkürlich auch immer, an den Themen, Numerierungen, alphabetischen Folgen abgelesen werden kann. Nicht so Warburgs Bibliothek. Die im Kreis aufgestellten Regale suggerieren dem Auge eine komplexe Zusammengehörigkeit von Titeln, keine lineare und äußerliche Ordnung mit einem Anfang und einem Ende. Es war zwar möglich, Gründe für die Nachbarschaft zweier Titel zu finden, aber diese Gründe kann man variieren, oder sie scheinen so entlegen und originell, daß sie jedes vordergründige Ordnungsprinzip durchkreuzen. Wer die Verszeile »Hell ist der Klang der Worte« (»Warum sind denn die Rosen so blaß«) liest, benötigt keine Erklärung, was der Dichter mit ihr zum Ausdruck bringen wollte. Bereits im Akt des Lesens entsteht die Erkenntnis, daß die verwendeten Wörter und die ihnen innewohnende Musik eine verbale Wirklichkeit bilden, die für sich steht, in ihrer Gänze erfaßt werden kann, ohne daß wir dafür erläuternde Kommentare benötigen. Würde aber der Dichter alle Assoziationen vor uns ausbreiten, die diese Verszeile umranken und seinem unausschöpflichen Begriff vom Wesen der Dichtung entspringen, um in diesen zurückzukehren, und würden all diese Nebenpfade und Querverbindungen unseren Sinnen zugänglich werden, wären wir dennoch nicht imstande, zu einem völligen Verständnis zu gelangen.

Aus dem Englischen von Chris Hirte

ETGAR KERET

Die Hündin

»Witwer«, wie sehr er den Klang dieses Wortes liebte,
liebte und sich deshalb gleichzeitig schämte, aber was
sollte man tun, wenn die Liebe nunmal ein unkontrol-
lierbares Gefühl war? »Junggeselle« klang für ihn immer
etwas egozentrisch, genießerisch; und »geschieden« – besiegt, sogar mehr noch, geschlagen; aber »Witwer«? »Witwer« klang nach einem, der Verantwortung übernahm,
Verpflichtung, und wenn es nicht anhielt, war nur Gott
oder den Naturgewalten die Schuld dafür zu geben, je
nachdem, aus welchem Hintergrund man kam. »Witwer«
klang fast nach einem Rang plus kleiner Tapferkeitsaus-
zeichnung. So etwas wie ein gesellschaftlicher Verdienst-
orden. Oder arm dran. Nein, arm nicht, Mitgefühl er-
weckend. Er zog eine Zigarette heraus und wollte sie sich
gerade anzünden, als die magersüchtige junge Frau, die
ihm mit einer Tüte mit der Aufschrift »Jena: Der Eindruck bleibt« im Schoß gegenüber saß, auf deutsch auf-
schrie und auf das Schild »Rauchen verboten« zeigte.
Wer hätte gedacht, daß einem Menschen im Zug von
Berlin nach Frankfurt nicht erlaubt würde, sich eine

Zigarette anzuzünden. Stellt sich heraus, daß es den Amerikanern gelungen ist, auch sie zu schlagen. Ganz ohne Militär, allein mit ihrem neurotischen Virus, der ganz Europa über CNN und McDonalds infiziert hat. Bevor er Witwer wurde, war es Chalina gewesen, die jedes Mal, wenn er sich eine Zigarette anzünden wollte, in einen Monolog ausgebrochen war, der mit seiner Gesundheit anfing und irgendwie immer mit ihrer Migräne endete, aber jetzt, als ihn diese viel zu magere Deutsche anschrie, hatte er plötzlich Sehnsucht.

»My wife«, sagte er zu der Deutschen, während er ihr vorführte, wie er die Zigarette in die Packung zurücksteckte, »also doesn't like me to smoke.«

»No English«, sagte die Deutsche.

»You same age as my daughter«, beharrte er. »You should eat more. It is not healthy.«

»No English«, wiederholte die junge Frau, doch ihre hochgezogenen Schultern verrieten, daß sie jedes Wort verstanden hatte.

»My daughter lives in Berlin«, fuhr er fort. »She is married to a doctor, an eye doctor, you know«, und er deutete auf eines ihrer grünen Augen, die panisch zwinkerten.

Sogar der Kaffee in ihren Zügen war um drei Klassen besser als alles, was man in Jerusalem je finden konnte. Nichts zu sagen, wenn es um Kaffee und Kuchen ging, steckten diese Deutschen – verdammt sei ihr Name – alle lässig in die Tasche. Nach einer Woche Berlin bekam er seine Hosen schon nicht mehr zu. Zahava hatte ihn gedrängt, noch zu bleiben. »Was hast du es denn so eilig?«, hatte sie gefragt. »Jetzt wo Mama tot ist und du in Rente bist, bist du doch ganz allein dort.«

»Allein« und »Rente«, die beiden Worte hatten etwas dermaßen Offenes, daß er, als sie sie sagte, den Wind im Gesicht spüren konnte. Die Arbeit im Geschäft hatte er sowieso nie wirklich gemocht, und Chalina, nun ja, sagen wir mal, er hatte sich einen warmen Fleck für sie bewahrt, doch wie der Holzschrank in ihrem winzigen Schlafzimmer nahm sie soviel Volumen ein, daß neben ihr für nichts mehr Platz blieb. Das erste, was er tat, als sie starb, war, *Alte Sachen* zu bestellen, um diesen Schrank loszuwerden. Den Nachbarn, die interessiert verfolgten, wie der Riesenschrank mit Gurten vom dritten Stock heruntergelassen wurde, erklärte er, daß ihn der Schrank zu sehr an die Tragödie erinnere. »Die Tragödie«. Jetzt, ohne den Schrank, war das Zimmer plötzlich geräumig geworden, und auch heller. In all den Jahren, in denen dieser Schrank dort gestanden hatte, hatte er tatsächlich vergessen, daß sich dahinter ein Fenster verbarg.

Im Bordrestaurant saß ihm eine etwa siebzigjährige Frau gegenüber. Sie war einmal schön gewesen, und sie tat alles, was in ihrer Macht stand, um ihre Umgebung daran zu erinnern. Aber taktvoll, angedeutet mit Hilfe einer Linie von Schmink- und Lippenstift – »Ach, wenn ihr mich nur vor fünfzig Jahren gesehen hättet.« Neben ihr, auf der Ablage, die für die Eßtabletts vorgesehen war, saß ein kleiner Pudel mit einem blauen, bestickten Pullover, auch er geschmackvoll. Der Pudel starrte ihn mit riesigen, vertrauten Augen an. »Chalina?«, dachte er bei sich, halb entsetzt. Der Pudel stieß ein kurzes, bestätigendes Bellen aus. Die alte Dame schenkte ihm ein nettes Lächeln, das sagen wollte, er brauche keine Angst haben. Der Pudel ließ ihn nicht aus dem Blick. »Ich weiß, daß dieser Schrank nicht aus Versehen auf mich gefallen ist«, sagten seine Augen, »ich weiß, daß du ihn umgeworfen hast.« Er nahm einen kurzen Zug von der Zigarette und gab der alten Dame ein nervöses Lächeln zurück. »Ich weiß auch, daß du mich nicht umbringen wolltest, es war einfach ein Reflex. Als ich dich gebeten habe, wieder die Winterkleidung herunterzuholen, hast du einfach die Beherrschung verloren.«

Sein Kopf nickte wie von selbst, anscheinend auch ein Reflex. Wäre er ein anderer gewesen, weniger hart, hätten ihm schon längst die Tränen in den Augen gestanden. »Geht es dir gut jetzt?«, fragten die Augen des Pudels.

»Geht so«, er erwiderte den Blick, »es ist schwer, allein. Und dir?«

»Nicht übel«, riß der Pudel seinen Mund fast zu einem Lächeln auf. »Meine Herrschaft kümmert sich um mich, sie ist eine gute Frau. Wie geht es dem Mädchen?«

»Ich komme gerade von ihr zurück. Sie sieht ausgezeichnet aus, und Oliver ist endlich damit einverstanden, daß sie versuchen, ein Kind zu kriegen.«

»Das freut mich«, der Pudel wedelte mit seinem Stummelschwanz, »aber du, du mußt unbedingt besser auf dich achten. Du bist dick geworden, und du rauchst zuviel.«

»Darf ich?«, fragte er die alte Dame wortlos mit dem Blick, während er in der Luft eine streichelnde Bewegung illustrierte. Die alte Dame nickte lächelnd. Er streichelte Chalina am ganzen Körper, beugte sich dann hinunter und küßte sie. »Es tut mir leid«, sagte er mit rissiger, tränenerfüllter Stimme, »es tut mir so leid, Chalina, verzeih mir.«

»Sie liebt sie«, sagte die alte Dame in gebrochenem Englisch zu ihm, »sehen Sie, sehen Sie nur, wie sie Ihnen das Gesicht leckt. Das habe ich bei ihr noch nie gesehen mit einem fremden Menschen.«

Aus dem Hebräischen von Barbara Linner

Berlin, Berlin

Der Schnee fiel in großen Flocken, die Nobelflaniermeile war festlich beleuchtet, und Muschti und ich standen zwischen den beiden Betonpollern vor dem Pelzgeschäft und verteilten Walnüsse und Mandarinen aus
dem Jutesack. Die Weihnachtszentrale hatte uns noch in
letzter Not mit der strengen Auflage vermittelt, keine
Späße mit der feinen Bürgerschaft zu treiben. Wir sahen
zwar mit den Zipfelmützen in Rotweiß wie Wald- und
Wiesenwichtel aus, und wir wußten es. Man versprach
uns aber hundertfünfzig Euro »pro Rübe«, es war nicht
die schlechteste Möglichkeit, an einem verkaufsoffenen
Samstag die Zeit totzuschlagen. Hinter uns waren im
großen Präsentationssaal Rebenkegel in Blecheimern
aufgestellt, die von Tannengirlanden und Lichterketten
umwickelt waren. In den Schaufenstern hatte man große
Rebenbögen mit Engelsfittichen aus Pappe aufgehängt,
Quasten und Glaskugeln in Goldglimmer lagen zu
Füßen der Chromkreuze, über die man scheinbar acht-
los die Pelzmäntel geworfen hatte. Der Chef vom Dienst,
Herr Senck, beäugte uns von seinem Spähposten aus, er

hatte sich hinter einer überschmückten Fichte postiert. Muschti war zum Arbeitsantritt in einer Trainingsjacke vom GSV Hellas Kornwestheim erschienen; Herr Senck wertete es sofort als unfreundlichen Akt und kam erst gar nicht in die Verlegenheit, uns Plätzchen und Kaffee anbieten zu müssen. Wir durften die Umkleidekabine für die Putzfrauen benutzen, Herr Senck reichte uns zwei Hermelin-Imitatbärte und sagte, wenn wir sie aufsetzten, würden wir schon sehen, daß wir ganz besondere Weihnachtsmänner seien. Ich besah mich im Spiegel und zuckte vor Schreck zusammen, auch Muschti prallte an seinem Spiegelbild ab. Wir gingen hinaus, postierten uns vor dem Pelzgeschäft und schauten uns um. Ein Beautyshop warb mit kostengünstiger Wimpernkranzverdichtung, am Wurst- und Schnapsstand schräg gegenüber standen ein paar Wutrocker in Leder herum und riefen uns zu, wir sollten uns einen Satz heißer Ohren abholen kommen. Wir waren bei der Arbeit, auch wenn uns der Arsch zufror, wir würden uns nicht provozieren lassen. Das Ganzkörperpolstergestell, das ich unter dem Mantel trug, um schön authentisch zu wirken, stieß bei jeder Bewegung gegen die Kniescheiben. Ich sah einem Mann mit Schlagseite dabei zu, wie er Erdnußbruch vor die Schnäbel der Tauben streute – er fiel zweimal hin, stand auf, klopfte sich ab und ließ eine Handvoll Vogelfutter auf die Tauben rieseln. Dann entdeckte er den Bügeleisenabdruck auf dem Hosenschlag und rieb, heiser Pornoflüche ausstoßend, an dem Saum, bis ihn zwei Streifenpolizisten mitnahmen.

Muschti kam herüber und lieh sich vier Mandarinen aus.

Du siehst verkleidet aus, man, sagte er. Ich schaute an mir herunter, klopfte die Schneeflocken weg.

Ich laufe damit auch nicht jeden Tag herum, sagte ich. Was machen wir hier eigentlich? sagte er.

Wir sind zwei Muselmanenmohren, die die Gaben verteilen, sagte ich.

Herr Senck kam aus dem Laden heraus, Muschti stapfte wieder zu seinem Poller, Herr Senck trat wegen der Eiseskälte zurück in den Laden und versteckte sich hinter der Fichte. Wenig später kam Muschti auf die Idee, »Hohoho!« auszurufen, Herr Senck konnte nichts dagegen haben, wir traten eben professionell auf. Doch bald schrie Muschti »Ho Ho Hodscha minh!«, aus dem Augenwinkel sah ich den Chef leise heranpirschen, und als er hinter Muschtis Rücken Stellung bezogen hatte, brüllte er ihm »Spitz, paß auf!« ins Ohr. Muschti, der arme Kerl, fuhr hoch, als hätte man einen Schuß auf ihn abgegeben. Herr Senck stahl sich wieder an seinen Platz, er lachte und keckerte wie eine Hyäne. Ich bekam großen Durst auf Punsch, auf heiße Schokolade oder frischgebrühten Kaffee, genau in dieser Reihenfolge. Jemand zerrte an meinem Mantel, ich schaute herunter und direkt in die großen Augen eines Mädchens, ich gab ihm eine

Frucht, es verlangte drei Mandarinen, am Ende stopfte es vier Früchte in die Außentaschen seines Anoraks. Bist du auch artig gewesen? fragte ich das Mädchen. Schnauze, schrie es mich von unten herauf an. Ich steckte meine Hand in seine Anoraktasche und wollte die Mandarinen wieder zurückhaben, nach einem Blick auf die sprungbereite Mutter besann ich mich eines Besseren. Ihr nasenkorrigiertes Gesicht war von zwei Gretchenschnekken umkränzt, sie hatte apricotfarbenen Lidschatten aufgelegt.

Was sind Sie nur für ein Schwein, sagte sie, Sie beklauen kleine Kinder. Und ehe ich dazu kam, sie zum Teufel zu wünschen, schnürte auch schon Herr Senck heran und machte ein Gesicht, als hätte er mich beim Nasenhaarzupfen erwischt. Er nahm die Mutter beiseite, klärte sie in vernehmbarer Lautstärke darüber auf, daß er mir und Muschti, zwei verdammt verlorenen Seelen, eine Chance geben wolle, im bürgerlichen Leben Fuß zu fassen. Zur Krönung sagte er sein Verslein auf: Nun weiß man erst, was Rosenknospe sei, jetzt da die Rosenzeit vorbei! Ich konnte es nicht fassen, das Gretchen war entzückt und forderte ihr Kind sogar auf, »dem netten Onkel« einen Kuß auf die feiste Backe zu drücken. Herr Senck rief mir »Spitz, paß auf!« zu und begab sich auf seinen Spähposten. In der nächsten Stunde liefen Muschti und ich in unseren Spuren, wegen des Polstergestells und der roten Gummistiefel bewegten wir uns wie Teichmolche zwischen den Pollern – wir waren bis auf die Knochen durchgefroren, wir waren fertig, und die Wutrocker fingen an, uns mächtig auf die Nerven zu gehen. Sie waren mittlerweile auf Dosenbier umgestiegen, sie zerdrückten mit einer Hand die Büchsen in der Mitte und bewarfen uns damit. Herrn Sencks Blick brannte mir Löcher in den Rücken, deshalb wich ich nur den Wurfgeschossen aus – ich brauchte das Geld. Der Schnee fiel in großen Flocken, und ich wollte nichts weiter, als Herrn Senck mit einer Tannengirlande zu umwickeln und ihn als Sauerländer Fichte auszustellen. Ich überreichte gerade einem bemerkenswert dämlichen Kind eine Mandarine, da hörte ich lauter Schmährufe und Geschrei aus vielen Kehlen. Ich drehte mich in Richtung des Lärms um und erstarrte: Eine Kohorte bunt vermummter Neohippies bog in die Nobelmeile ein, die Anführerin zeigte – so schien es mir – auf mich, und dann drängten sie sich auch schon vor den Betonpollern zu einem kleinen Haufen zusammen. Muschti und ich waren eingekeilt: hinter uns der fiese Einpeitscher Senck, vor uns der Lynchmob. Im Nu zerstoben die Passanten, die Kunden starrten aus dem Pelzgeschäft heraus auf die Meute.

Hey, sagte ich, jetzt mal ganz ruhig. Wir sind hier nur die Weihnachtsmänner.

Ihr Schweine schmückt euch mit Leichenteilen, sagte die Anführerin und riß mir den Hermelin-Imitatbart vom Gesicht.

Muschti war mein bester Freund, und er konnte nicht zulassen, daß man seinen Kumpel einfach am falschen Bart zog. Also brüllte er: »Ho Ho Hodscha minh!«, riß der Frau die Sturmkappe vom Kopf, griff in den Jutesack und ließ eine Handvoll Nüsse und Mandarinen auf die Köpfe der Tierschützer prasseln. Jetzt waren wir fällig, jetzt würden unsere Köpfe rollen. Ich schaute schnell zurück: Herr Senck hatte die Tür geschlossen und verriegelt, er grinste mich an, ich hob ihn mir für später auf. Muschti rannte los und zerrte mich mit, hinter uns johlte die Meute und setzte sich in Bewegung. Als ich über die Schulter zurückschaute, platzte mir ein rohes Ei an der Schläfe. Auch Muschti bekam einen Volltreffer auf den Hinterkopf. Wir verließen die Nobelflaniermeile und stießen zur Fußgängerzone vor, wir liefen so schnell, daß uns die Hacken auf die Arschbacken trommelten. Die Tierschützer folgten uns in einigem Abstand, sie holten auf. Wir bogen links ab, ich entdeckte auf der rechten Straßenseite das Ladenschild einer türkischen Schneiderei, wir stürmten hinein. Beim Anblick von zwei Weihnachtsmännern – der eine ohne, der andere mit einem nur an einer Wange klebenden Bart – bekam der Schneider große Augen.

Kein Geld für Gangster, schrie er.

Wir sind in friedlicher Absicht gekommen, sagte ich.

Muschti bedachte mich mit einem scheelen Blick und klärte den Mann darüber auf, daß wir von einer irren Horde von Pelzhassern verfolgt würden und daß er uns verstecken müsse, bitte.

Sonst was? fragte der Schneider.

Muschti fuhr sich mit dem Finger über die Kehle, und ich hatte keine Lust, den Mann darüber aufzuklären, daß wir ihn bestimmt nicht aufschlitzen wollten. Der Schneider zeigte auf einen Umzugskarton, wir schlüpften hinein, und einige Sekunden später klingelte die Türglocke.

Hast du zwei Weihnachtsmänner gesehen? hörte ich eine Frau fragen.

Ja, erwiderte der Schneider, prima Versteck, findest mit Garantie nix.

Die Frau lachte laut auf, wünschte dem Schneider gute Geschäfte und verließ den Laden.

Wir blieben eine kleine Ewigkeit im Umzugskarton sitzen, dann wurden die Deckelhälften beiseite geschlagen, und ein Polizist glotzte uns an, wir glotzten zurück.

Ende der Vorstellung, sagte er, raus, aber sofort!

Lassen Sie uns ein kleines Mißverständnis klären, sagte Muschti.

NORA AMIN

»... then we take Berlin!!«

Wissen wir, was wir wissen, oder haben wir es nur
    in unseren Köpfen?
Fühlen wir, was wir wissen? Oder wissen wir es einfach?
Dreh mich im Kreis und
Dreh mich nochmal.
Wirble mich und nimm mich in vollem Kreis.
Wieder zurück bis
»Null«.

(LEONARD COHEN GEWIDMET)

1 BERLINS GESCHENK

Ich habe gestern einen Zug erhalten.

Einen kleinen gelben

Mit gepolsterten Sitzen darin.

Genauer gesagt war es ein Geschenk

Von der Stadt

Obwohl bankrott

Wie das Gerücht besagt

Haben sie einen Fernseher hineingetan

Mit einem speziellen Programm

Mit Wettervorhersage und allem

Was du wissen willst

Über Berlin.

Um ihn noch besser zu machen
Haben sie genau vor meinem Haus
Einen Bahnhof gebaut
Speziell für mich
So daß ich aus dem Fenster in ihn springen kann
Und ihn nehmen, wann ich will.
Ich kann gehen wo immer ich hin will
Und mit der U1 zurückfahren.
Von meinem Fenster aus
Kann ich die Abfahrtszeiten überwachen
Seine Pünktlichkeit prüfen
Und die Geschwindigkeit
Aber nie mit dem Fahrer sprechen
Da er nur ein Gespenst ist.

Ich sitze ganz alleine dort drinnen
Und der Zug wiegt mich in den Schlaf.
An meinem dunklen Platz,
Habe ich das Neonlicht
Der Wagen
Und erinnere mich schnell daran, daß jemand
An mich dachte und mir
Ein Geschenk machte.
Im Wissen, daß ich da sitzen werde
Hinter dem Glasfenster und
Dies schreibe.
Sie haben es mir sogar noch einfacher gemacht

Damit ich nicht verloren gehe
Und haben die Haltestelle
Amin-Helene-Oskar-Nora-Heim benannt.
Besucht mich jederzeit.
Und bitte
Vergeßt nicht euer Ticket abzustempeln.

2 ABFALL UND BLINDHEIT

Beschützt von meinem Abfall
Und Blindheit
Schiebe ich meinen Wagen mit Weihnachtsgeschenken.
Ich schiebe meinen Weg durch den Kurfürstendamm,
Das Paradies der Verlorenen
Die Leistung einer geschickten Hand
Welche die graue Vergangenheit wegwischt
Und die Geschichte neu anstreicht
Mit farbigen Standorten.
Ich schiebe meinen Wagen und grüße
Meine Nachbarn
In diesen schicken Comics, wo
Der nächste Taxifahrer in der Reihe sich beschwert
Nach fünfzehn Jahren Asyl
Daß die Leute hier kein Gehör für
Arabische Akzente haben.
»Unterdrückung gibt es in verschiedenen Formen« sagt er.
Jenseits der kulturellen Theorie von

Integration
Von Ost trifft West
Hat Nikolaus immer noch die Gnade
Jedem ein
Geschenk zu machen.
In »sales«-Zeiten mehr denn je.
Und wahrscheinlich geht er soweit
Daß er denen »freedom« garantiert
Die sich in der Taxireihe frei äußern.
Ich schiebe ihn und
Niemand nimmt mich wahr
Außer dem Achtjährigen
Der seine globalen Fähigkeiten ausprobiert und
Mich fragt: »What is your name?«
Ich lächle und sage: »What for?«
»Schon« sagt er und
Geht.
Natürlich mit Umlaut.
Meine liebsten historischen Stätten hier sind »Wool-
worth«
»C&A« und »H&M«.
Und die Geschichte spricht für sich selbst.
Nicht zu erwähnen das Monument der Monumente
Das von oben herabscheint
Und das universale Zeichen
Aller Städte der Welt verkündet:
»McDonald's«, wo die Armen

Die Reichen treffen
Und der Dialog der Kulturen
Beginnt.
Unter meinem Abfall und der Blindheit
Genieße ich die Disziplin
Von Grün und Rot
Aber am meisten die von
Dem Gelb
Dem König des Zögerns
Der Langeweile und der Anklage.
Ich erfinde meinen eigenen »Wagentanz«
Einen Schritt vorwärts, zwei zurück
Und sie sagen, wenn du rückwärts gehst
Hast du eine viel größere Chance
Nach vorne zu springen, weiter als
Alle Erwartung. Und so
Tanze ich
Ich gehe zurück und zurück
Unterbinde das freie Rollen
Des Wagens
Unterbinde es mit Kraft
Schaue nach rechts zum Sand
Links zum Eis
Stigmatisiere dann meine Augen
In meinem Abfall.
Ach, die Schwerkraft von
Erinnerung und Sehnsucht

Trifft mich so sehr

Baut eine Rampe

Hinter meinem Rücken

Versperrt meine Knie und Gedanken.

Nur so, nehme ich an

Verbünde ich mich wieder

Mit meinen Nachbarn

Mit ihren Augen

Legen sie einen Schleier um meinen Kopf

Ehren mich mit einem Schild

An meiner Brust

Und schicken mich in einen Sprachkurs.

Oh, ich warte so sehr auf diesen Sprung

Mein Wagen ist jetzt voll mit

Abfall aller Marken.

Jedoch lerne ich zu unterscheiden

Zwischen dem »Papier«

Der »Verpackung«

Und dem »Glas«.

Bald ändert sich das Licht und

Ich gehe weiter

Gehe weiter und lasse

Meinen Wagen zurück

Eines Tages, nehme ich an.

Voller Fragen, Souvenirs

Etiketten, Veränderungen und darüber

Hinaus, dieses »Geschenk« für den nächsten

Nachbarn, der vorübergeht an
»Dem Monument einer Ägypterin, die am
    Kurfürstendamm Wissen kauft.«

Aus dem Englischen von Raphael Urweider

MICHÈLE MÉTAIL

Der Geschmack süßsalziger Pflaumen

In Berlin, Dezember 2001, bin ich die Ufer des Land-
wehrkanals in ihrer ganzen Länge abgelaufen, nach denen der Spree und der Havel. Es war sehr kalt, die Straßen waren schneebedeckt. Jeder Fußstapfen legte das
Schwarz des Asphalts frei, gleich einem Palimpsest. Am
26. habe ich an der Ecke von Glogauerstraße und Paul-
Lincke-Ufer Halt gemacht. Ich habe die steinerne Brücke
fotografiert, Thielenbrücke, den Uferpavillon und das
Café Senti, das in einem alten Haus liegt. Seine Fassade
war mit weißem, sehr fein gearbeitetem Stuck verziert.
Über der obersten Etage thronte die Kuppel aus Zink
und ähnelte einem Observatorium. Immer wieder waren
Autos gefahren und hatten die Straße bloßgelegt; der zugefrorene Kanal indessen schob noch immer Eis voran.
Ich mußte lächeln, als ich das Schild des Eisverkäufers
entdeckte, der gewiß an schönen Tagen in dem Pavillon
saß: »Eis«. Von der Brücke aus hatte ich das seltsame
Schild entdeckt, das die Schiffer warnt: »Achtung, Quer-
strömung!« – mitten in der Stadt!

17. Mai 2005. Seit gestern wohne ich in einem Haus in der Pflügerstraße, nun muß ich zum ersten Mal zum Institut für Allgemeine und Vergleichende Literaturwissenschaft der FU in Dahlem. Zwischen Bussen, U-Bahn und S-Bahn hatte ich die Qual der Wegewahl. Ich wähle nur selten die kürzeste Strecke, die gerade Linie und die unterirdischen Wege, mir ist die Langsamkeit lieber, die Umwege und die obere Etage im Doppeldeckerbus.

Ich stieg also in den M29, der an der Straßenecke hielt, Wittenbergplatz würde ich umsteigen in die U-Bahn. Die Sekretärin hatte mich mit dem Auto bis zu dem Haus gebracht, in dem ich wohnen würde, und so hatte ich die umliegenden Straßen noch nicht erkundet. Gleich hinter der Haltestelle bog der Bus auf die Thielenbrücke ein. Sofort erkannte ich dieses Landschaftsfragment wieder, städtisch und schiffbar zugleich, so charakteristisch für die Stadt. Das Café gab es noch immer an der Ecke, es ging in eine große schattige Terrasse über.

Der M29 war kein anderer als der umgetaufte 129. Aus welchem Grund war aus der 1 am Anfang ein M geworden? War soviel seit meinem letzten Aufenthalt geschehen? Ehrlich gesagt kannte ich diese Linie auswendig, von einem Ende zum andern. Ein Halt, ein Straßenname, ein Geschäft, die Strecke war mit Bildern abgesteckt, die auf unvorhersehbare Weise wieder auftauchten. Ich wusch Gedächtnisschichten aus, die sich in fünfzehn Jahren abgelagert hatten. Meine Strecken

überkreuzten sich ohne Chronologie, belebten Empfindungen, Erinnerungen wieder und zeichneten eine innere Kartographie.

Ich zuckte zusammen, als der Bus gegen die Äste
der Platanen stieß, die kugeligen Früchte trommelten
auf das Dach, dieses Detail hatte ich vergessen wie jene
Registrierplaketten, die an jeden Stamm geheftet waren.
Sicher gibt es Register, in denen die Artennamen, vielleicht auch die Pflanzdaten eingetragen sind, seit langem
möchte ich mich nach diesem gartenbaulichen Zivil-
status erkundigen.

Der Bus näherte sich Vierteln, in denen ich gewohnt
hatte, und die Bilder strömten zahlreicher herbei. Ich
fühlte mich bisweilen hin- und hergerissen zwischen
linker und rechter Seite, ich wollte alles wiedersehen,
die verflossene Zeit ermessen, indem ich das Neue entdeckte, die gerade zu Ende gebauten Häuser, die auf
Mieter warteten und von denen ich nur die Fundamente
gesehen hatte.

Als ich Wittenbergplatz ausstieg, war ich noch immer in meinen Erinnerungen. Hier war es 1990, und
jetzt stand ich schon wieder auf dem falschen Bahn-
steig, um in die U1 zu steigen. In den Gängen und Tun-
neln der U-Bahn bemühte ich mich, mir das Außen vor-
zustellen, an Orientierungsmalen fehlte es nicht. An
jeder Station hatte ich Lust auszusteigen. Schließlich
kam ich am Thielplatz an, provisorischer Endbahnhof

für die Zeit von Gleisbauarbeiten, er entsprach dem Ziel meiner Reise.

Die Flut an aufgestiegenen Gedächtnisbildern beschäftigte mich so sehr, daß ich blindlings loslief und nicht einmal überlegte, welche Richtung ich einschlagen mußte. Studentengruppen kamen mir entgegen, ich erkundigte mich, Hüttenweg? Literatur? Tut uns leid, wir studieren Jura! Zweifellos *mußte* ich mich verlieren, Leere schaffen, den Moment hinauszögern, in dem ich mich im Institut vorstellen würde. Viel schuldete mein Irregehen der Angst, und die Zeit schritt voran. Erneut sprach ich einen Studenten an, er sah den Plan, den ich in der Hand hielt. Ich hatte nicht einmal daran gedacht, ihn zu entfalten. Gestatten Sie? sagte er erstaunt. Sie gehen diese Straße entlang, dort über die Brücke, danach rechts und dann dürfte es nicht weit sein.

Hüttenweg, *chemin des huttes,* ich hatte mir einen Sandweg über die Wiesen eines weiten Campus vorgestellt, nun ging ich an prunkvollen Villen vorbei, von wahren Parks umgeben, doch ich hatte keine Zeit mehr zum Schauen. Gerade noch rechtzeitig kam ich zum ersten Seminar.

Thielenbrücke – Thielplatz, Koinzidenz von Ortsnamen, während mehrerer Wochen bemühte ich mich, auf jeweils unterschiedlichen Wegen von einem Punkt zum anderen zu gelangen. Die durchquerten Orte riefen immer wieder Flashs in mir herauf, Rückblenden, die ich zu datieren, zu verorten, untereinander zu verbinden suchte. In diesem Einstein-Jahr spielte ich mit dem Zeit-Raum, das Gedächtnis ist seltsam an den Ort gebunden.

Kam der Tag, an dem es mir nur noch tausendmal schon aufgekommene Bilder zu bieten hatte. Der Beschäftigung müde, nahm ich die U-Bahn und vertiefte mich während der Fahrt in ein Buch.

Als ich am Ziel angekommen war, stellte ich mit Bedauern fest, dies war eine Premiere gewesen. Ich hatte sie vernachlässigt, die Straßen, die Reisenden, die Stationen, die Bahnsteige, hatte sie nicht mehr angeschaut. Vielleicht hatte ich zu oft in Berlin gewohnt, meine Wahrnehmungsfähigkeit war mit der Gewöhnung, der Routine abgestumpft. Während früherer Aufenthalte war ich mit einem Notizheft in der Hand und umgehängtem Fotoapparat durch die Stadt gestreift, hatte mich frei jeden Zwanges nach Laune fortbewegt, das Auge hellwach, denn das Flanieren befreit den Blick. Dieses Mal hatte ich ein Ziel, und der Blick hatte nicht mehr das Recht umherzuschweifen. Ich widmete das Seminar dieses Nachmittags Georges Perec und dem »Infra-ordinaire«. Es war Zeit, sich wieder zu fangen!

Da erfuhr ich nebenbei in einem Gespräch, daß das Institut gleich zu Ende des Semesters umziehen müsse. Die Unterrichtsräume und Arbeitszimmer in einem Schnellbau sollten zerstört werden, um der Villa aus glasierten Ziegeln die ganze Weite ihres ursprünglichen Gartens zurückzugeben, ehe sie verkauft würde. Professoren, Mitarbeiter und Studierende, alle würden diesen Ort mit Bedauern verlassen. Jeder Abschnitt des Prozesses rief die Vergangenheit von neuem ins Bewußtsein: das letzte Sommerfest, die Ankunft der ersten Umzugskartons, die Vorbereitungen in der Bibliothek. Ich hatte mein Gedächtnis noch nicht mit diesem Ort getränkt, da war schon alles Gesehene zur Erinnerung gebannt. Es würde keine Rückkehr geben.

Das letzte Seminar sollte am Freitag, den 15. Juli am späten Nachmittag stattfinden. Ich würde also mit ein paar Studierenden die Letzte sein in diesem Raum, dessen Zerstörung schon für den folgenden Montag vorgesehen war. Die Zahl der Anwesenden erstaunte mich. Ich hatte etwas zum Anstoßen vorbereitet, ehe wir auseinandergingen, und bei einem chinesischen Händler ein paar Kleinigkeiten gekauft, darunter ein Päckchen getrockneter süßsalziger Pflaumen. Man durfte nicht mit einer nostalgischen Note enden. Ich ermunterte die Studierenden zum Geschmacksvergleich, wo sie so gut die Literaturen zu vergleichen wußten. Die Wirkung ließ nicht auf sich warten. Ekel statt Geschmack! Denn diese kleinen verschrumpelten Pflaumen gehören einer Geschmackslage an, die unseren Gaumen fremd ist, unvereinbare Mischungen. Manche spuckten sie wieder aus, andere bemühten sich sie hinunterzuschlucken, die Gesichter nahmen den Ausdruck von Grotesken an, über die wir sehr gelacht haben. Ich hoffte, so die Erinnerung an eine Empfindung einzuprägen, die vielleicht eines Tages in dem Gedächtnis des einen oder anderen aufsteigen und die mit diesem Ort verbunden sein würde. Die Studierenden hatten mir auch eine Überraschung vorbereitet. Sie schenkten mir ein Siegel, um in rotes Wachs den Buchstaben X zu prägen, über den ich seit Jahren arbeite. X, Symbol der Kreuzung, des Austauschs, der Begegnungen. Ein Stück Leben hatte stattgefunden, hatte seine Stätte gefunden im Hüttenweg.

Aus dem Französischen von Esther von der Osten

ANTONIO SKÁRMETA

Der Zwiebelfisch

Seit dem Fall der Mauer hat alles, was früher in Westberlin geschehen ist, allmählich einen mythischen Anstrich
erhalten, jene gewisse Patina, die Legenden annehmen,
wenn sie von Generation zu Generation weitergege-
ben werden und einen unwirklichen Beigeschmack hin-
terlassen.

Die Binsenweisheit, die man damals in den Kneipen am Savignyplatz verkündete, lautete, daß Westberlin eine unwirkliche Stadt und so stabil wie ein Schiffs-
wrack sei, daß es eigentlich nur überlebe, weil irgendein
General aus irgendeinem Grund den Augenblick hinaus-
zögerte, in dem er es sich unter den Nagel reißen würde.
Stets habe ich gedacht, daß dieses Klischee falsch war.
Die Stadt war wirklich. Wir waren unwirklich.

Es gab eine derartige politische Polarisierung, daß
sie schon beim Namen losging: In bestimmten Kreisen
mußte man es verstehen, Westberlin zu sagen, in anderen die korrekte Bezeichnung Berlin (West). Für reichlich Aufruhr und handfeste Auseinandersetzungen war
gesorgt, wenn wir Emigranten uns um mehrere Hekto-

liter Bier scharten und mit mehr Tränen als nötig unsere Mißgeschicke den Gastgebern erzählten, die Großverbraucher von Erdnüssen und Knoblauchbrot waren und auf Friseure und Polizisten allergisch reagierten.

Nie im Leben habe ich eine andere Weltgegend in einem derart chaotischen Fieberzustand gesehen, wie er im Jahre 1973 herrschte, als man von einer Diskussion über die politischen Imperialismen rasend schnell dazu überging, sich mit den Mädchen ins Bett zu legen und Althusser zu bewundern. Andererseits hat mir nie jemand geglaubt, daß bei der Hälfte meiner Fahrten nach Berlin (Ost), wo ich meine chilenischen Compañeros oder meine Lektoren im Aufbau-Verlag besuchen wollte, mir die Polizisten sogar die Mandeln kontrollierten, um nach Versen zu suchen, die den Sturz Honeckers bewirken könnten. Doch bei den anderen fünfzig Prozent solcher Begegnungen beugten sich dieselben Posten durchs Fenster meines knatternden Citroën, um über eine Episode aus meinen Romanen, über den Schluß eines Hörspiels und vor allem über den Film Lilienthals zu sprechen, der jene Jahre sinnbildlich verkörperte: *Es herrscht Ruhe im Land,* an dem ich als Co-Autor des Drehbuchs mitgearbeitet hatte. Überall behandelte man uns mit der Politik des Wechselbades.

Doch nichts übertrifft in meinen Erinnerungen das, was jene »Wohngemeinschaften« genannten Gemeinwesen waren. Als ich zum ersten Mal nach Berlin kam, hatte ich nur ein paar Pfennige in der Tasche und zeichnete mich durch die völlige Unkenntnis der deutschen Sprache aus. Mein einziges Kapital war ein zerknittertes Zettelchen mit der Nummer des Freundes eines Freundes eines Freundes. Am Telefon meldete sich die Freundin des Freundes des Freundes des Freundes und verstand nichts. Ich vergalt es ihr mit der gleichen Großzügigkeit. Da sie aber dreimal das Wort »Zwiebelfisch« wiederholte, notierte ich es mir auf der Handfläche.

Es stellte sich heraus, daß der Zwiebelfisch eine freundliche Kneipe am Rand des Savignyplatzes war. Hinten hatte man einen langen Tisch für einen lärmenden Haufen von schwarzgekleideten Mädchen und Jungen aufgestellt; sie hatten schmutzige Gesichter, als hätte man sie in Wasserfarbe getaucht, und ihre Haare waren in einem Stil geschnitten, bei dem kein einziges Haar mit den anderen harmonierte. Auf dem Tisch stand eine Schüssel mit vielen und großen Austern, und jeder Gast hatte ein volles Glas Champagner vor sich. Mitten auf dem Tisch schmachteten weitere französische Flaschen, die man in einen Eiskübel gestellt hatte. Der Anführer der Gruppe war ein kräftiger und glatzköpfiger junger Mann, der jedesmal, wenn er in das linke Ohrläppchen eines wahrscheinlich jamaikanischen Mädchens biß, sich selbstzufrieden die Hosenträger langzog.

Auf deutsch, spanisch und englisch überwand ich meine Schüchternheit und rief den Namen des Freundes eines Freundes eines Freundes. Der Glatzkopf stand auf, deutete sich auf die Brust und fragte mich mit Donnerstimme, wer ich sei. Ich antwortete, ich sei der Freund seines Freundes und setzte in einer plötzlichen Erleuchtung hinzu, ich sei ein chilenischer Emigrant. Von diesem Tisch mit den exzentrischen Gestalten, die einem Film nach Art Fritz Langs entstiegen schienen, erhob sich ein Beifallssturm, der eines Broadway-Musicals würdig gewesen wäre. Ich bekenne, daß mir das Leben einige Jahre später den einen oder anderen höflichen Applaus beschert hat, doch jenes spontane, einmütige und turbulente Händeklatschen tönt mir noch immer in den Ohren.

Für diese Gruppe war ein vor Pinochet geflohener chilenischer Emigrant ein größerer Kassenmagnet als Robert Redford. Ich schlürfte Austern, nippte am Champagner, erlebte eine Liebesnacht mit pantomimischer Verständigung und fand ein provisorisches Bett, zu dem ich auch den Koffer mitnahm, mit dem ich den Zwiebelfisch, Deutschland und Berlin betreten hatte. Darin befand sich alles, was ich besaß, das heißt zwei Hemden und ein Romanmanuskript. Am Morgen konnte ich erfahren, daß der Glatzkopf in dieser Nacht eine Subvention gefeiert hatte, die man ihm bewilligte, damit er ein Theaterstück über einen Akrobaten auf der Mauer inszenieren konnte. Es hatte denselben Titel wie ein Stück von Albee: *Empfindliches Gleichgewicht* – und es konnte nie uraufgeführt werden. »Dafür sind Subventionen da«, erklärte man mir später.

Die Wohnung, in die sie mich mitschleppten, lag in der Kantstraße, in der Nähe des Schwarzen Cafés. Nach einem sehr ausführlichen Austausch von Zärtlichkeiten mit einer neomonarchistischen Anarchistin schlief ich ein, doch ich wurde geweckt und in die große Küche geführt, wo sich mit Heften und Stiften vier männliche Individuen in Unterhemden und drei weibliche in Babydolls versammelt hatten. Sie begrüßten mich zwanglos und luden mich ein, gemeinsam mit ihnen zu frühstükken. Man bot mir bei Thoben gekaufte Brötchen und wie Petroleum dickflüssigen Kaffee an. Das schwarzen Kaffee zu nennen, wäre ein Euphemismus. Man entschuldige meine krankhafte Kleinigkeitskrämerei, aber er war so schwarz, wie die Gitanes-Zigaretten ohne Filter schwarz sind. Als ich ihn trank, gewann ich unverzüglich eine verhängnisvolle Hellsichtigkeit: Ich war ein chilenischer Emigrant mit einer höchst problematischen Lebensbilanz – einer konfliktreichen Vergangenheit, einer ungewissen Gegenwart und einer zukunftslosen Zukunft. Nach dem Frühstück bildeten die zwanglosen Angehörigen der Wohngemeinschaft am Tisch so etwas wie ein Tribunal und verkündeten mir in einem Englisch, das dem der Mrs. Doolittle aus *My Fair Lady* nachempfunden war, ich sei Kandidat für den Einzug in das Zimmer zum zweiten Hinterhof, vorausgesetzt, ich bestehe die unerläßliche, von den Mitgliedern der Gemeinschaft beschlossene politische Prüfung. Sie täten dies in der Hoffnung, daß »der liebe Mitkämpfer des heldenhaften chilenischen Widerstandes gegen den Faschismus« (entsetzt begriff ich, daß sie mich meinten, jemanden, dessen einzige Heldentat darin bestanden hatte, drei Jahre zuvor für einen Kandidaten der Linken zu stimmen, den die Militärs vor kurzem gestürzt hatten) »ein Heim in Berlin findet«. Ich fasse hier in einem besonderen Abschnitt eine Auswahl der Fragen zusammen, dazu meine Antworten, die Reaktionen, die sie auslösten und die Entscheidung jedes einzelnen »Richters«:

Richter: Wenn du zwischen einem Sozialdemokraten und einem CDU-Mann wählen müßtest, für wen würdest du stimmen?

Ich: Für den Sozialdemokraten. Die anderen: Gelächter und Pfiffe. Richter: Nein. Es geht darum, die Werktätigen zu radikalisieren, indem man für die Rechte stimmt, damit die sie schlecht behandelt und sie sich zum Aufstand entschließen.

Richter: Sollen die Alternativen eine Partei organisieren? Ich: Ja. Die anderen: Gelächter. Richter: Nein. Es geht darum, das System zu zerschlagen, und nicht darum ihm in die Hände zu arbeiten.

Richter: Kann man die DDR »demokratisch« nennen? Ich: Nein. Die anderen: Eine Hälfte lacht, die andere klatscht Beifall.

Richter: Wenn du nachts nach Hause kommst und sehen würdest, daß das ganze Geschirr schmutzig auf dem Tisch steht, würdest du es dann abwaschen?

Ich: Ja. Die anderen: Mißbilligende Grimassen.

Richter: Wir hier wollen einen Genossen haben, keine Mutter!

Ich nahm den Koffer. Das am wirrsten zerzauste Mädchen des Tribunals begleitete mich zur Tür und küßte mich zärtlich auf die Stirn.

»Tut mir leid«, sagte sie.

Bevor ich die Treppe hinunterstieg, drehte ich mich zu ihr um.

»Eine letzte neugierige Frage«, sagte ich. »Was bedeutet ›Zwiebelfisch‹?«

Die Kleine räkelte sich mit einem großartigen Gähnen im Türrahmen, und dann erklärte sie:

»Zwiebelfisch? Das ist genau das, was du bei uns bist.«

»Vielen Dank. Adios.«

Während ich die Stufen hinabstieg, beschloß ich, daß ich mir, sobald ich Geld hätte, ein Wörterbuch kaufen würde.

WLADIMIR KAMINER

Homer

Welche Rolle spielt die Kunst im wahren Leben? Der
Streit ist alt. Werden die Menschen blöd, wenn sie einen
blöden Film sehen? Ganz sicher, sagen die einen. Nee,
sagen die anderen. Sie können einander nichts beweisen.
Wir haben den Film gesehen, sagen die einen und fühlen
uns ganz blöd. Wir haben den Film auch gesehen, sagen
die anderen, uns geht's gut. Selbst wenn nachgewiesen
wird, daß ein schlimmer Verbrecher kurz vor seiner
Tat mit Kunst in Kontakt gekommen war, bleibt unklar,
ob er zu diesem Zeitpunkt schon ein Verbrecher war
oder erst nach seiner Begegnung mit der Kunst zu einem
wurde. Auch die Literatur bleibt von dieser Diskussion
nicht verschont. Viele Großautoren, die Pfeife rauchen
und Rotwein trinken, meinen, die Literatur spiele durchaus eine wegweisende Rolle in der Gesellschaft, sie kann
ein moralischer Kompaß sein, der die Menschen zum
Guten führt. Die biersaufenden Autoren kontern, Literatur sei bloß bedrucktes Papier, das für einige Stunden Spaß oder eben Langweile sorgen kann, nicht mehr,
aber auch nicht weniger. Oder wie die Russen sagen:
»A book a day/keeps reality away.«

Um ihre Gegenspieler noch mehr zu reizen, fangen die Biertrinker an, Pfeife zu rauchen, oder stellen sich auf Rotwein um. In Rußland streiten zu diesem Thema die bärtigen und die rasierten Schriftsteller. Die Bärtigen behaupten, die Literatur kann durchaus die Menschen in ihrem Tun beeinflussen. Die Rasierten machen darüber ironische Bemerkungen. Manchmal gehen sie in ihrer Ironie so weit, daß sie sich Bärte wachsen lassen, um den Bärtigen zu zeigen, daß auch ein Bart aus nichts anderem als Haaren am Kinn besteht. Die Bärtigen rasieren sich aus Protest die Bärte ab, deswegen sind die Fronten in der letzten Zeit zumindest äußerlich sehr unklar.

Wer hat nun Recht? Ich behaupte, der Mensch ist ein dermaßen zartes Wesen, ihm reicht oft schon ein halbes Lied, um durchzudrehen, von einem dicken Buch ganz zu schweigen. Ein ganz dickes Buch kann Menschen ins Jenseits befördern.

Einmal war ich Zeuge, wie ein Klassiker der abendländischen Literatur das Leben eines jungen Mannes ruinierte. Ich arbeitete in einer freien Theatergruppe, als ich ihn kennenlernte. Er hatte Germanistik und Theaterwissenschaft in einer Berliner Universität studiert, schrieb seine Diplomarbeit über das Theater der Antike und bekam anschließend hier einen Beamtentisch im Kulturamt. Eigentlich eine grandiose Kariere.

Doch diese Tischarbeit machte ihn nicht glücklich. Er sehnte sich nach spannenden Projekten, nach einer kleinen Theaterrevolution.

Es war aber gerade damals nicht viel los im Bezirk – eher ging die Tendenz zum Puppentheater als zur Revolution. Deswegen sagte er sofort zu, als ein junger Regisseur mit leuchtenden Augen zu ihm kam und Geld für eine Inszenierung beantragte.

Der Regisseur wollte Homers *Odyssee* inszenieren – und sie dabei fest an die Realien der heutigen Zeit binden. »Odysseus verläßt seine Frau und zieht los – raus aus der DDR – um den wilden Westen zu erobern«, erzählte der Regisseur. »Dabei passieren ihm etliche Mißgeschicke – seine Freunde, die ihn in den Westen lockten, lassen ihn im Stich. Fix und fertig kehrt er schließlich nach Hause zurück, doch die DDR ist nicht mehr da, und seine Frau ist mit einem Wessi verheiratet!« Der Kulturamtsmitarbeiter fand die Idee sehr originell, er bewilligte dem jungen Regisseur einen Tausender für das Stück.

»Jetzt brauche ich nur noch jemanden, der mir die richtige Fassung schreibt!«, meinte der Theatermacher. »Es muß knapp und zügig sein, vor allem aber muß die Sprache von Homer vergegenwärtigt werden, damit jeder sofort versteht, worum es geht.«

»Das kann ich machen«, erwiderte der Beamte. »Ich habe doch Germanistik und Theaterwissenschaft studiert.«

»Kannst Du in einem Monat damit fertig sein?«, fragte ihn der Regisseur. »Selbstverständlich«, versicherte er, später tranken sie noch einige Metaxas auf den Erfolg des Unternehmens. Noch in derselben Nacht zog er die Reclam-Ausgabe von Homer aus dem Regal. Das Buch war nicht sehr dick, etwas über 400 Seiten, ließ sich aber angenehm lesen. Die seltsam umständlich schönen Sätze gefielen ihm, nur eine Idee für die Umsetzung kam ihm nicht. Das Lesen von Homer wurde zu seiner Hauptbeschäftigung. Er las das Buch bei der Arbeit und zu Hause, machte Notizen, dachte nach. Ab und zu rief der junge Regisseur an und nervte ihn mit Fragen, ob er wisse, daß die drei Wochen um seien, und wie die Sache vorangehe? Mach dir keine Sorgen, antwortete der Beamte ruhig, er sei dicht dran, und bald werde es etwas zum Lesen geben. Der Regisseur ließ nicht locker, der Beamte las weiter Homer: Die Reise ging ewig weiter. Odysseus fuhr und fuhr und fuhr, seine Penelope wartete und wartete... Der Regisseur besuchte ihn im Büro.

»Es sind schon über zwei Monate um!«, schrie er so laut, daß die anderen Mitarbeiter des Kulturamts ihre Arbeit vergaßen und neugierig aufschauten. »Ich habe noch kein Blatt von deiner Fassung gesehen! Ich bezweifele, daß überhaupt eine existiert!«

»Aber natürlich gibt es sie«, konterte er. »Am nächsten Freitag hast du alles auf dem Tisch.«

Der Regisseur fluchte und ging. An diesem Abend betrank der Beamte sich fürchterlich, er schlief am Kneipentisch ein, was ihm noch nie passiert war. Vor ihm lagen weiße Blätter. Auf einem stand »Homer, *Die Odyssee* – eine Theaterfassung.« Zu diesem Zeitpunkt hatte er längst kapiert, daß man aus diesem Buch niemals ein aktuelles Theaterstück machen kann, er konnte das dem Regisseur nur nicht sagen. Das Buch war eine Falle. Es war ein Buch der Trostlosigkeit – die Unmöglichkeit, irgendein Ufer zu erreichen. Odysseus fuhr und fuhr, Penelope wartete und wartete, der Beamte soff und soff. Am Freitag stürzte er in eine Baugrube und brach sich einen Zeh (aus Versehen, wie er dem Arzt mitteilte). Er wurde behandelt und krank geschrieben. Der Regisseur rief ihn zuhause an. Der Beamte erklärte ihm, einige Blätter seiner Neufassung seien ihm beim Sturz in die Baugrube abhanden gekommen, gerade als er unterwegs zum Regisseur war, aber zum Glück habe er ja alles im Kopf, und sobald er wieder gesund sei, werde er sich melden. Der Regisseur beschimpfte ihn als Lügner. Danach erschien der Beamte nicht mehr zur Arbeit. Er ging auch nicht mehr in seine Stammkneipe und mied alle Bekannten. Einmal behauptete eine ehemalige Kollegin von ihm, sie habe jemand in Neukölln gesehen, der ihm sehr ähnlich gesehen habe, und dieser Jemand sei schreiend und betrunken über die Straße gelaufen – mit einem Buch unter dem Arm. Was für ein Buch – das habe sie nicht sehen können.

Seine Stelle im Kulturamt wurde bald von einem anderen Beamten besetzt. Und der Regisseur inszenierte Homer trotzdem – ganz ohne Text als Pantomime. Das Stück war sogar erfolgreich, es bekam gute Kritiken in der Presse. Unser Beamter tauchte nie wieder auf. Die einen erzählen, er habe Berlin verlassen und sei nach Leipzig gegangen, andere behaupten, daß er nach einer Entzugstherapie in der Klapse gelandet sei. Der alte Schurke Homer hat ihn geholt.

GERT MATTENKLOTT

Weltliteratur aus Berlin?

Weltliteratur ist passé. Den Zentrifugalkräften, mit denen sich die europäisch-amerikanische Kultur über den gesamten Erdball ausbreitet, entspricht der Anspruch, ein kulturelles Grundmuster mit universaler Geltung durchzusetzen. »Sollte es der Menschheit gelingen, sich durch die Erschütterungen hindurchzuretten, die ein so gewaltiger, so reißend schneller und innerlich so schlecht vorbereiteter Konzentrationsprozeß mit sich bringt, so wird man sich an den Gedanken gewöhnen müssen, daß auf einer einheitlich organisierten Erde nur eine einzige literarische Kultur, ja selbst in vergleichsweise kurzer Zeit nur wenige literarische Sprachen, bald vielleicht nur eine, als lebend übrig bleiben. Und damit wäre der Gedanke der Weltliteratur zugleich verwirklicht und zerstört.« Erich Auerbach, einer der Wortführer der Literaturwissenschaft im 20. Jahrhundert, zieht diese düstere Bilanz in der Nachkriegszeit (*Philologie der Weltliteratur*, 1952). Er selbst hatte sich übrigens aus Nazi-Deutschland in die Türkei gerettet und sein Hauptwerk *Mimesis. Dargestellte Wirklichkeit in der abendländischen Literatur* (1946) während des Krieges in Istanbul geschrieben. War das türkische Exil für ihn noch Abendland? Wohl eher ein dankbar angenommenes *nowhereland*, jedenfalls hat er die nahe liegende Möglichkeit nicht genutzt, seine Gedanken über den Ort islamischer Kultur in Euroamerika mitzuteilen.

Auerbachs Pessimismus setzt Goethes Begriff von Weltliteratur voraus: ein literarisches Universum, das so reich in selbständige literarische Provinzen gegliedert ist wie Deutschland zu seiner Zeit in Territorien oder Europa in Nationalstaaten. Je entschiedener diese Gliederungen in den bekannten ökonomischen, politischen und sozialen Prozessen neutralisiert werden, desto mehr verblassen die mannigfaltigen Differenzen, die der klassische Begriff von Weltliteratur als dessen notwendiges Korrelat vorausgesetzt hatte. Dahin wäre die Vielfalt der Sprachen und Idiome, regionalen Traditionen und fremden Lebensweisen. Die Geheimnisse und Rätsel, von denen die Literatur doch lebt, wären aufgelöst in die schattenlose Allgegenwart von Raum und Zeit einer Weltkultur, deren technische Möglichkeiten Auerbach noch eher unterschätzt haben wird. Hat Auerbach und haben die Kritiker der kulturellen Globalisierung, die heute ähnlich wie er argumentieren, Recht?

Wäre es so, dann wären die Dichtungen über kurz oder lang nicht viel mehr als die literarische Verdoppelung der global einheitlichen Verhältnisse und das

Studium ihrer Traditionen wäre im wesentlichen Denk-
malspflege. Zu dieser Konsequenz schien Auerbach
auch bereit zu sein. Daß er aber nach dem halben Jahrhundert, das seit seiner melancholischen Vision vergangen ist, offenkundig nicht Recht behalten hat, daß vielmehr die Literatur in einer Mannigfaltigkeit überlebt,
die ihr auch gelassenere Beobachter von »Amerikanisie-
rung« und »Kulturindustrie« als Auerbach nicht zuge-
traut hatten, ist erstaunlich und erklärungsbedürftig.
Schließlich gibt es ja im Ernst keine »nationale«, gibt es
auch keine »europäische« Leitkultur, die, sei es als In-
begriff, sei es als Kompensation der von Auerbach be-
schworenen Einebnung kultureller Differenzierung,
tauglich wäre. Leitkulturen, das sind Kopfgeburten
sich selbst und die Kultur überschätzender Intellektueller und Politiker, die auf die Wirkungskraft ominöser
Ideologien des 19. und 20. Jahrhunderts setzen und
wie in einem Theaterfundus nach Requisiten für die
Aufführung gealterter Repertoire-Stücke suchen, wenn
ihnen die Felle weg zu schwimmen drohen.

Grau in Grau ist aber die zeitgenössische Literatur
nicht, auch wenn sie untauglich für Leitkulturen sein
mag und auch wenn sie vielfach bereits im Original auf
Englisch geschrieben ist, und minder anspruchsvoll als
die von Auerbach erinnernd vergegenwärtigte »Weltliteratur« abendländischer Prägung ist sie auch nicht. Wir
sollten sie aus Respekt und historischer Zurückhaltung

vor Goethes Begriff vielleicht nicht mehr Weltliteratur nennen. Es ist aber eine Literatur von Weltgeltung, und es ist ein reiches Spektrum, das hier zu besichtigen ist: von den in diesem Band vertretenen Autoren bis zu anderen, die hier stehen könnten, wie Toni Morrison, J. M. Coetzee und Amitav Ghosh, Jamaica Kincaid und Salman Rushdie, Michael Ondaatje, Vidiadhar S. Naipaul, Hanif Kureishi und Paul Theroux. Die Genannten werden häufig unter dem Begriff einer »postcolonial literature« versammelt. Das hat seinen guten Sinn, wenn man an ihrer aller Herkunft aus den früheren Kolonien und vielfach auch an die Stoffe und Motive ihrer Bücher denkt. Durch sie erhalten ihre Erfahrungen Körper und Atmosphäre, Atemluft, Farbe und Kontur. Aber diese Besonderheit der biographischen und regionalen Situation postkolonialer Geschichte hätte nicht mehr als folkloristischen Reiz und würde wie jeder Exotismus schnell an Interesse verlieren, wenn nicht noch etwas anderes dazukäme, das über diese Situation hinaus gelten würde, im Bereich des früheren Sowjetimperiums ebenso wie in Asien, Afrika oder Südamerika.

Es läßt sich an einem Beispiel zeigen: V. S. Naipaul, mit indischem Familienhintergrund in einem multiethnischen Milieu der karibischen Insel Trinidad aufgewachsen, in Oxford graduiert, als Journalist und Schriftsteller in Europa, Indien, Afrika und beiden Amerikas reisend, stationär in London lebend. Zu seinen späten Büchern gehört *A Way In The World* (1994). Man kann neben den gedruckten Titel getrost noch den zweiten stellen, den man nur hören kann: »Away In The World«. In dem Zwischenraum von »away« und »a way« sind die Geschichten nicht nur dieses Buches angesiedelt: Wege, die einer nimmt, den es aus welchen Gründen auch immer von irgendwo nach irgendwohin verschlagen hat. Die Fragen, die der Autor sich selbst und seinen Protagonisten stellt, beziehen sich auf das Woher, das immer ungewisser wird, je neuer und fremder und »weit weg« die Welt ihm erscheint, in der er sich selbst auf seinen Reisen sucht und kaum je findet. Was bedeuten schon Genealogien, und was Wurzeln? Man kann sich das Erbe, das einer hat, eher als ein Wurzelwerk vorstellen. Es ist nicht ein für allemal da. Zum Teil verfällt es, wie Naipauls Protagonist erfährt, wenn er nach ein paar Jahren auf seine Heimatinsel zurückkehrt und sich wie ein Hybridwesen zwischen Einheimischen und den Touristen fühlt. Zu einem anderen Teil bildet sich dieses Erbteil erst im Herauswachsen (oft auch nach dem Herausgerissenwerden) aus den alten Verhältnissen. Es erhält seine Form in den Erzählungen, in denen die Luftmenschen unserer Zeit, stellvertretend ihre Autoren, nach Halt in einem imaginären Boden suchen. Den Erzählungen in *A Way in the World* hat sein Autor ein »Prelude« vorangestellt, das den Erzähler in einem »*Nowhere*« ansiedelt:

wie in einem Tag- und Fiebertraum oder auch mit zwei verschiedenen Brillen hantierend ohne die Erwartung, daß eine davon ihm die »natürliche« Sehkraft geben könnte. Wo wäre denn diese Natur?

Nein, es ist keine auf den Postkolonialismus begrenzte Erfahrung, die hier zur Sprache kommt. In seinem Nachwort zu den »Städtebildern« Walter Benjamins schreibt Peter Szondi im Rückblick auf die dreißiger Jahre: »Damals erzählte man sich unter den Emigranten die Geschichte von dem Juden, der sich mit der Absicht trug, nach Uruguay auszuwandern, und der, als seine Freunde in Paris darüber erstaunten, daß er so weit weg wolle, die Frage stellte: ›Weit von wo?‹« Claudio Magris hat 1971 dieses »Weit von wo?« als Titel für sein Buch über die verlorene Welt des Ostjudentums wieder aufgegriffen. Es sind aber längst nicht mehr nur ethnisch, religiöse, politisch oder wie immer definierte Minoritäten, die mit dem »Weit von wo?« ratlos nach einer namenlos gewordenen Heimat fragen. Diese Frage wird auch nicht immer nur resignierend und melancholisch, vielmehr oft auch erstaunt, manchmal erheitert und noch öfter wohl einfach nur neugierig gestellt. Migranten mögen ihre sinnfälligsten Zeugen sein, weltweite Resonanz erhält sie aber, weil sie eine *conditio humana* unter modernen Lebensbedingungen zu artikulieren scheint.

Beantwortet wird sie in allen Zungen und in eben der Vielfalt, für welche die Literatur dieser Jahre so viele Beispiele bietet wie eh und je. Oft sind es Texte aus den Metropolen dieser Welt, die nicht zufällig immer wieder die Kreuzungs- und Anlaufstellen sind, deren Herausforderung dazu provoziert, sich der eigenen Individualität zu versichern oder eine solche Unverwechselbarkeit schreibend herzustellen. Keiner der Texte, die auf solche Weise entstehen, gleicht dem anderen, ob in London, New York oder Bombay geschrieben. Einer der Romane Naipauls (*Magic Seeds*, 2004) nimmt den Ausgang bei Betrachtungen über einen tamilischen Verkäufer von Rosen in einem Berliner Restaurant, eine Szene, die gut in die vorliegende Anthologie gepaßt hätte. – Warum immer wieder die Metropolen? Es hat zum einen die bekannten Gründe, daß die großen Städte für Emigranten leichter Arbeit, Unterschlupf bei Landsleuten und ein soziales Umfeld bieten, in dem Fremde weniger auffällig sind als in kleineren Verhältnissen. Man kommt auch leichter wieder weg. Für Autoren kommt die Konzentration von kulturellen Einrichtungen aller Art dazu, von Botschaften und Literaturhäusern bis zu den Universitäten. Wichtiger als solche pragmatisch wirksamen Gründe sind andere. In den Metropolen sind die modernen Lebensverhältnisse mit ihrer Ambivalenz von Liberalität und Gleichgültigkeit, dem sozialen Gefälle zwischen Armen und Reichen, der

Spannung zwischen Eingesessenen und Fremden, dem Nivellierungsdruck und Ausschlußmechanismen, Ermöglichungsspielraum und Bürokratie etc. herausfordernd verdichtet. Die Tendenz zur Neutralisierung der Unterschiede in einer globalisierten Weltkultur – mögen es auch die Unterschiede von Lasten und Problemen sein, die hier für jedermann ähnlich zu sein scheinen – wird von den großen Städten in aller Welt vorweggenommen. Kaum irgendwo scheint diese Gegenwart so drastisch erfahrbar zu sein wie hier. So viel mechanische Reflexe, die hier eingeübt und als zweite Natur praktiziert werden, so viel Gleichheit, wie hier gefordert und erzwungen wird, um mithalten zu können, scheint keiner aushalten zu können, ohne zum Klon seines Nachbarn oder krank zu werden.

Literatur hat hier eine Bewährungsprobe zu bestehen. Sie ist zu einer individuellen Reaktion herausgefordert. Vielleicht ist diese Beschreibung aber schon viel zu romantisierend. Entsteht diese Individualität nicht vielmehr geradezu erst unter dem Druck zur Anpassung? Ist sie nicht ein Überlebensreflex, um den Absturz zu vermeiden entweder in die Nacht, in der alle Katzen grau sind, oder in die ebenso tödliche totale Fremdheit? In diesem Sinn wären das Schreiben und sein lesender Nachvollzug die immer neue Erfindung einer unverwechselbar eigenen Individualität bis hin zur Übertreibung ihrer Eigenheit. Sie ist dann zumindest so fest umrissen wie die Situation, die uns ein Autor vor Augen rückt, die Anekdote, die ihm als Allegorie auf eine Erfahrung einfällt oder die Sprachform, die er so vagen Empfindungen wie der »Inbetweenness« zwischen Räumen, Zeiten und Kulturen gibt. In der Tat sind die literarischen Formen solchen Eigensinns meist wenig pathetisch, oft eher spielerisch und jedenfalls informell. Das gilt wohl auch für ihre Wirkungsweise: nicht Leitkultur mit Führungsanspruch, sondern Impuls von Kriechströmen, in denen sich Widerstände gegen einen unartikulierten Kosmopolitismus und imperialistisch machtversessenen Globalismus bemerkbar machen. Literatur ist eines der Medien, in denen sie sich bekunden, allen pessimistischen Standardisierungsdiagnosen zum Trotz. Man muß dafür gar keine Propaganda machen, zum Glück. Sie wird geschrieben und gelesen. Vielleicht sollten Literaturwissenschaft und -kritik heute Wegweiser zur Kultur der Moose und Flechten sein; ihr Emblem: die Rose von Jericho.

OLIVER LUBRICH

Amseln und Luftangriffe

»Ich gehe gleich wieder«, sagt Etgar Keret, als er den Seminarraum betritt. »Und wenn ich in dreißig Minuten wiederkomme, habt Ihr eine Geschichte über Zeitdruck geschrieben.« Anstatt sich zu wundern, nach Hause zu gehen oder eine Rebellion anzuzetteln, greifen fünfzig Studenten tatsächlich zu Stift und Papier und fangen an zu schreiben. Als ihr neuer Gastdozent wie versprochen zurückkehrt, sind sie bereit, ihre Arbeiten vorzulesen. Das war, wenn man so will, der ›Beginn einer wunderbaren Freundschaft‹. Aus Tel Aviv war er angereist, um seine Studenten das Geschichtenerzählen zu lehren. Und das tat Etgar Keret so geschickt, daß er am Ende des Semesters begeistert war von der Vielfalt und der Originalität der entstandenen Arbeiten. Eine Auswahl hat er inzwischen – auf englisch – in der Sammlung *auto reverse. young narrative* (Berlin 2005) vorgenommen und bei einem neuerlichen Besuch in der Stadt vorgestellt.

»Vermittlung und kritische Reflexion der Literaturen der Welt« lautete das Programm, das sich die Begründer der »Samuel-Fischer-Gastprofessur für Literatur« an der Freien Universität Berlin vorgenommen hatten. Der Deutsche Akademische Austauschdienst (DAAD), der S.Fischer Verlag, Frankfurt am Main und Berlin, das Veranstaltungsforum der Verlagsgruppe Georg von Holtzbrinck und das mittlerweile nach seinem Gründer benannte »Peter Szondi-Institut« für Allgemeine und Vergleichende Literaturwissenschaft (AVL) der Freien Universität (FU) Berlin haben diesen semesterlich neu besetzten Lehrstuhl im Jahr 1998 gemeinsam eingerichtet. (Eine Projektpartnerschaft zwischen öffentlichen Institutionen und privaten Unternehmen ist im deutschen Hochschulwesen, zumal in den Geisteswissenschaften, alles andere als die Regel, eine privat co-finanzierte Professur noch immer eine Seltenheit.)

Seitdem kommen Schriftsteller aus verschiedenen Ländern, Kulturen und Sprachen nach Berlin, um Lehrveranstaltungen anzubieten, Sprechstunden abzuhalten, Seminararbeiten zu beraten, zu lesen, zu korrigieren und auch zu benoten. Schriftsteller wurden zu Gastdozenten, zu Professoren für Literatur.

Im Unterschied zu »Poetik-Professuren« wurden die Gäste jedoch nicht dazu aufgefordert, mehr oder weniger methodische und allgemeingültige Betrachtungen über ihre schriftstellerische Praxis anzustellen. Und im Unterschied zu »writer in residence«-Programmen besteht der Sinn der Unternehmung nicht in erster Linie darin, Autoren die Möglichkeit zu bieten, an einem bestimmten literarischen Projekt schreiben zu können. Vielmehr sollten Studenten und Schriftsteller die Gelegenheit erhalten, in freier Form zusammenzuarbeiten. Die Gäste wählten das Thema und das Format (sowie auch die Sprache) ihrer Lehrveranstaltungen selbst.

Indem Dichter die Rolle von Hochschullehrern übernahmen, überschritten sie die vermeintlichen Grenzen zwischen Kunst und Ästhetik, Praxis und Theorie, Literatur und Literaturwissenschaft, die durch wechselseitiges Mißverständnis gelegentlich immer noch errichtet zu werden scheinen. Das Ergebnis waren nicht selten unkonventionelle Veranstaltungen. Etgar Keret hatte – übrigens als einziger – die Form der Schreibwerkstatt gewählt. Alberto Manguel veranstaltete an Wochenenden, wenn die Universität wie ausgestorben war, einen Workshop über seinen Lehrer Jorge Luis Borges, dem er als Heranwachsender in Buenos Aires einst vorgelesen hatte. Vladimir Sorokin zeigte sowjetische Schwarzweißfilme. Marlene Streeruwitz thematisierte »Das Dirndl als Text« und die Rhetorik des Pornofilms. V. Y. Mudimbe hielt eine Vorlesung über »Theorien der Differenz«. Und Sergio Ramírez sprach aus seiner Erfahrung als Juror des »Rómulo Gallegos«-Preises, der wie kein anderer die jüngste Produktion hispanoamerikanischer Autoren kannte. Die Berliner Studierenden nahmen das Angebot an, sich mit Gegenständen zu beschäftigen, die sie im Lehrangebot ihrer Fächer ansonsten nicht regelmäßig vorfinden: zum Beispiel junge arabische Literatur der neunziger Jahre, wie sie Nora Amin unterrichtete.

Außerhalb der Seminarräume im Dahlemer Hüttenweg waren die Samuel-Fischer-Gastprofessoren für Literatur an verschiedenen Veranstaltungsorten in der Stadt zu sehen. Zu den Höhepunkten ihrer öffentlichen Auftritte dürfte ein Gespräch zählen, das der kongolesische Poet V. Y. Mudimbe, der aus Prinzip weder fernsieht noch Radio hört oder Zeitungen liest und auch nicht per e-Mail korrespondiert, im Haus der Kulturen der Welt mit dem Medientheoretiker Peter Weibel führte. Marlene Streeruwitz sprach im »Roten Salon« der Volksbühne »Vom Leben der Hamster in Schuhschachteln«. Scott Bradfield erklärte im British Council, »Warum ich Toni Morrisons *Beloved* hasse«. Nora Amin präsentierte eine Poesie- und Tanz-Performance im Probensaal der Schaubühne, wo auch Michèle Métail ihr konzeptkünstlerisches *work in progress* »2888 Donauverse« in Szene setzte. Inzwischen treten die Gäste nicht nur in Berlin auf, sondern darüber hinaus regelmäßig auch im Nationaltheater in Weimar und in der Kunst- und Ausstellungshalle der Bundesrepublik Deutschland in Bonn.

Sämtliche dreizehn Autoren, die zwischen 1988 und 2005 im Hüttenweg unterrichteten, sind im vorliegenden

Band mit ihren Beiträgen versammelt. Der Vielfalt ihrer Unterrichtsformen und -stile entspricht die der Genres ihrer Beiträge: Tagebuch (Mudimbe), Gedicht (Amin, Hass), Kurzgeschichte (Bradfield, Zaimoglu, Keret, Ramírez), Bericht (Martel, Métail), Essay (Manguel), Roman (Ôe), Erzählung (Streeruwitz) – und Katechismus (Sorokin).

Die Gastprofessoren werden begleitet von zwei weiteren ›Gästen‹: Wladimir Kaminer hatte als »Student« teilgenommen an der allerersten – auf Russisch gehaltenen – Lehrveranstaltung (über »Moskauer Konzeptualismus«) seines Landsmannes Vladimir Sorokin, mit dem der in Berlin lebende Moskauer nicht nur die Herkunft, sondern auch den Vornamen teilt, gleichwohl nicht dessen – bei Kaminer gewissermaßen ›germanisierende‹ – Umschrift. Antonio Skármeta konnte seine »Samuel-Fischer-Gastprofessur für Literatur« nicht antreten, weil er die Aufgabe übernommen hatte, sein Land als Botschafter in der deutschen Hauptstadt zu vertreten. Skármeta bedankte sich jedoch für die Einladung mit einem einmaligen »Samuel-Fischer-Gastvortrag«, der als »Kurzes literarisches Selbstportrait« eine kommentierte Lesung ausgewählter Beispiele aus seinem Werk bot, wobei er unter anderem die hier abgedruckte Geschichte »Der Zwiebelfisch« vorstellte.

Als zeitgenössische Autoren verschiedener Literaturen der Welt stehen die Gäste, die nach Berlin kamen, für eine moderne *Weltliteratur*, die nicht mehr nur in einzelnen Kulturen verwurzelt ist und von diesen ausgeht, um mit anderen in Dialog zu treten, sondern die sich immer schon *zwischen* den Kulturen zu *bewegen* scheint. Das wird nicht nur an den Formen und Themen ihrer Arbeit, sondern oft bereits an den interkulturellen Biographien und der Mehrsprachigkeit der Autoren deutlich.

Alberto Manguel beispielsweise, den seine jüdischen Eltern als Kind von Israel aus nach Bayern zum Spracherwerb schickten, lebt heute als argentinischer Kanadier in Frankreich auf dem Land in einem ehemaligen Pfarrhaus. Der Kongolese Mudimbe war an einer Missionsschule in Zaire ausgebildet worden und lehrte später an den Universitäten Stanford und Duke. Auf Weisung des Diktators Mobuto hatte er seine romanischen Vornamen, Valentin Yves, ›afrikanisieren‹ müssen. Um die gewohnten Initialen beizubehalten, wählte er die Vornamen Vumbi Yoka. Heutzutage kürzt er sie konsequent ab, so daß sie nicht nur kulturell mehrfach lesbar sind, sondern sogar geschlechtsneutral. Mit Vergnügen berichtet Mudimbe, wie er aufgrund seiner Arbeiten über die Konstruktionen von Identitäten als vermeintliche Frau zu einem feministischen Kongreß eingeladen wurde. Seine literarischen Texte schreibt Mudimbe in der französischen Sprache seiner alten und seine theoretischen Arbeiten in der englischen Sprache seiner neuen Heimat.

Zwischen den Sprachen und zwischen den Kulturen bewegen sich auch der frankophone, Englisch schreibende und Spanisch sprechende Yann Martel; die Ägypterin Nora Amin, die ihr Prosawerk auf arabisch verfaßt, ihre lyrischen und tänzerischen Produktionen jedoch neuerdings auf englisch entwickelt; die französische Germanistin Michèle Métail, die zugleich promovierte Sinologin ist und ihre Einflüsse ebenso aus dem deutschen Dadaismus wie aus chinesischen Palindromen bezieht; der deutsche Autor Feridun Zaimoglu, der die Sprache seiner türkischen Eltern nicht vergessen hat; der seine spanisch geschriebenen Texte vor deutschem Publikum in dessen Sprache vortragende Chilene Antonio Skármeta; der deutsch schreibende Russe Wladimir Kaminer; oder auch der weltgewandte Japaner Kenzaburô Ôe, der in seinem Seminar höchst charmant mit seinem gar nicht so eigentümlichen Englisch kokettierte, während er auf eine in Stockholm gehaltene Rede Bezug nahm oder von den Greueln berichtete, die seine Landsleute im Zweiten Weltkrieg in China verübten. Scott Bradfield hat es von Kalifornien zwar ›nur‹ nach London verschlagen – lediglich zwischen verschiedenen Dialekten, aber immerhin von einem Kontinent auf den anderen.

Viele Autoren, die an die FU nach Berlin kamen, teilen bestimmte Erfahrungen, die mit der zunehmenden Globalisierung der Literatur einhergehen. Als Angehörige eines weltweiten Literaturbetriebes veröffentlichen sie in denselben Verlagen, sie schließen auf denselben Buchmessen ihre Lizenz-Verträge ab (häufig mit Hilfe derselben Agenturen), sie stellen ihre Bücher auf denselben Festivals vor – und nicht selten unterrichten sie an denselben (vorwiegend US-amerikanischen) Universitäten, an denen wiederum dieselben ästhetischen und künstlerischen Konzepte diskutiert werden (beispielsweise ›postkoloniale‹). Während einerseits immer mehr Produktionen von der sogenannten Peripherie ins Blickfeld der vormaligen Metropolen geraten und eine Vielfalt literarischer Ausdrucksformen aus früheren Kolonien wahrgenommen wird, sind andererseits starke Tendenzen einer Internationalisierung nicht zu übersehen, von denen Goethe, Hegel oder Alexander von Humboldt nur träumen konnten, als sie die Begriffe »Weltliteratur«, »Weltgeschichte« oder »Weltbewußtsein« prägten. Die Orte, an denen sich eine globalisierte Literatur gegenwärtig verdichtet, die Hauptstädte einer heutigen ›Weltliteratur‹ sind New York und London, Paris und Barcelona, Frankfurt – und ein wenig auch Berlin.

Weltliteratur ist Reiseliteratur. Wenn die Schriftsteller, die ein Semester lang in Berlin unterrichteten, von dieser Stadt erzählen, fixiert sich ihr scheinbar so raumloses Schreiben für einen Augenblick auf einen – mehr oder weniger zufälligen – Ort. Nicht auf das Herkunftsland der Autoren richtet sich das Interesse, sondern auf einen Schauplatz, den sie mit ›fremden Blicken‹ wahrnehmen – und der zugleich global ist und exotisch, Zentrum und Provinz: *Berlin* und *Hüttenweg*.

Aus einzelnen Blicken, Szenen, Straßen, Namen und Eindrücken entstehen in ihren Texten Fragmente einer Topographie der Stadt Berlin: aktuelle Kontrastaufnahmen zu den Bildern, die Theodor Fontane und Alfred Kerr, Franz Hessel und Walter Benjamin, Erich Kästner und Alfred Döblin, Hans Fallada und Carl Zuckmayer aufgezeichnet haben. Sie richten fremde Blicke auf die Großstadt in der Tradition von Autoren wie Vladimir Nabokov oder Christopher Isherwood.

Antonio Skármeta und Sergio Ramírez erzählen vom ›alten Westberlin‹, von den Gegenden um den Charlottenburger Savignyplatz und die Berliner Straße in Wilmersdorf, die von lateinamerikanischen Exilanten und Künstlern bevölkert werden. Nora Amin und Feridun Zaimoglu beschreiben den Kurfürstendamm beziehungsweise eine »Nobelflaniermeile«, wo sich arabische Touristen und Taxifahrer oder türkische Weihnachtsmänner und Änderungsschneider begegnen. Robert Hass ist fasziniert vom Idyll der Amseln und Kastanien in Dahlem Dorf und verstört durch die Erinnerung an Völkermord und Luftangriffe. Kenzaburô Ôes literarisches *alter ego* flieht vor Anfeindungen im fernen Tokyo ins Wissenschaftskolleg im Grunewald; Marlene Streeruwitz' Protagonistin vor einer gescheiterten

Beziehung ins ehemalige Gästehaus der DDR im Pankower Majakowskiring. V. Y. Mudimbe macht sich auf die Suche nach den Berliner Spuren seiner eigenen Geschichte. Ihn zieht es an den Ort, an dem sich Bismarcks Reichskanzlei befunden hat (in der Wilhelmstraße, unweit von Albert Speers – längst ebenfalls zerstörtem – Neubau für Adolf Hitler): wo die europäischen Kolonialmächte auf der sogenannten Kongo-Konferenz in willkürlichen Grenzen sein Heimatland entworfen hatten. Michèle Métail schließlich begibt sich auf ausgedehnte Umwege, die sie auf immer neuen Flanierrouten nach Dahlem führen, in den Hüttenweg, wo sie am letzten Tag des Semesters als »Letzte« Abschied nimmt von dem Gebäude, aus dem das Institut für Allgemeine und Vergleichende Literaturwissenschaft ausziehen muß, damit die unter Sparzwang stehende Universität es verkaufen kann.

In anderen Fällen sind die Bezüge auf Berlin weniger unmittelbar. Alberto Manguel nimmt seine Recherchen zu einer kulturgeschichtlichen Studie über Bibliotheken, die er während seiner Zeit in der Stadt betrieben hat, zum Ausgangspunkt einer imaginären Reise durch seine eigene Büchersammlung, die er in der Presbytère von Mondion eingerichtet, und durch die »Kulturwissenschaftliche Bibliothek«, die Aby Warburg zu Beginn des letzten Jahrhunderts in Hamburg angelegt hatte. Vladimir Sorokin unternimmt ein Frage- und Antwortspiel mit seinem deutschen Kollegen Durs Grünbein, dessen Themen zwischen Rußland und Deutschland, Stalingrad und Karlshorst, Moskau und Berlin aufgespannt sind.

Alfred Döblin hat in *Berlin Alexanderplatz* einen Ort literarisch dokumentiert, von dem längst nichts mehr erhalten ist, wie der Schriftsteller es in den zwanziger Jahren gesehen hatte. Der Name der Gastprofessur erinnert an Döblins Berliner Verleger Samuel Fischer, der seit 1886 Weltliteratur in der Stadt vermittelt hatte, bis sein Unternehmen von den Nationalsozialisten ›gleichgeschaltet‹ wurde.

Einzelne Texte gehen auf frühere Besuche der Autoren in Berlin zurück. Marlene Streeruwitz war des öfteren von der österreichischen in die deutsche Hauptstadt gezogen. Michèle Métail geht systematisch der Frage nach, wie sich frühere Eindrücke als Erinnerungen bei ihren späteren Aufenthalten in der Stadt wiederbeleben, überlagern, verändern oder sinnlich verfestigen.

Antonio Skármeta war in den siebziger Jahren – zu Beginn der Diktatur Augusto Pinochets – als Exilant gekommen und kehrte dreißig Jahre später – nach deren Ende – als Botschafter seines Landes zurück. Sergio Ramírez hatte sich ebenfalls in den siebziger Jahren als Stipendiat in Berlin aufgehalten, und er kam wieder, nachdem er Nicaraguas Vizepräsident und zweiter Mann der sandinistischen Junta unter Daniel Ortega gewesen war.

Alberto Manguel hat auf die assoziativen Logiken individueller Gedächtnisse von Lesern hingewiesen und auf die unterschiedlichen Ordnungen von Bibliotheken, die zwischen den zahlreichen Elementen ihrer Bestände thematische, visuelle oder zufällige Beziehungen stiften. Auch die Lebenswege der Gäste überschneiden einander verschiedentlich. Und die Motive ihrer Literatur verknüpfen sich.

Wie die anderen Lateinamerikaner Ramírez und Skármeta hatte auch der gebürtige Argentinier Manguel seine Heimat verlassen, um im Ausland zu leben, allerdings nicht in Deutschland, sondern in Nordamerika und später Europa. Alberto Manguels kanadischer Landsmann Yann Martel, der ebenfalls als polyglotter Diplomatensohn aufgewachsen war, erlangte weltweite Berühmtheit, als sein Roman *Schiffbruch mit Tiger* den renommierten Booker-Preis gewann, während er in Berlin ein Seminar über »Das Tier in der Literatur« unterrichtete. Tiere seien in der gegenwärtigen Literatur unterrepräsentiert, klagte Martel. (Der Erfolg seines Buches sollte daran einiges ändern.) Einer derjenigen Autoren, in deren Arbeit Tiere längst wichtige Rollen hatten, allegorische, satirische, spielerische, ist Scott Bradfield. Seine moderne Fabel *Planet der Tiere* ist durch George Orwells *Farm der Tiere* inspiriert worden. Und so überrascht es nicht, daß Bradfield von seiner Zeit an der Freien Universität in der Form einer Tiergeschichte erzählt und den Mischlingsrüden Dazzle an seine eigene Stelle setzt. Ein weiterer Schriftsteller der jüngeren Generation, Etgar Keret, machte zur Titelfigur seiner Geschichte eine »Hündin«, in deren Augen ein berlinreisender Israeli seine auf zweifelhafte Weise ums Leben gekommene Ehefrau wiederzuerkennen glaubt.

Im Sommer 2005 ist das Peter Szondi-Institut in die sogenannte »Rostlaube« der Freien Universität in der Habelschwerdter Allee umgezogen, und mit ihm die Samuel-Fischer-Gastprofessur für Literatur. Sie findet dort ihre Fortsetzung mit der Arbeit des indischen Romanciers und Essayisten Amit Chaudhuri, der exjugoslawischen Autorin Dubravka Ugresic und des kubanischen Filmemachers Fernando Pérez. Und sie findet ihre Ergänzung in einer neu eingerichteten »Heiner-Müller-Gastprofessur« für *deutschsprachige* Literatur, welche jeweils im Sommersemester die jährlich ermittelten Preisträger des »Berliner Literaturpreises« übernehmen (der von der Stiftung Preußische Seehandlung neu ausgeschrieben wurde). Als einer der ersten Laureaten unterrichtet Durs Grünbein am Peter Szondi-Institut – der Gesprächspartner des ersten Samuel-Fischer-Gastprofessors, mit dessen Fragen an Vladimir Sorokin dieses Buch vor 265 Seiten begonnen hatte. Das Kapitel »Berlin Hüttenweg« ist geschlossen. Die Fortsetzung an einem anderen Ort – »Berlin Habelschwerdter Allee« – ist eröffnet.

DIE SAMUEL-FISCHER-GASTPRO-
FESSOREN FÜR LITERATUR UND
IHRE SEMINARE:

Vladimir Sorokin, »Moskauer Konzeptualismus«
(russisch), Sommersemester 1998.

V. Y. Mudimbe, »Theories of Difference«
(englisch), Sommersemester 1999.

Kenzaburô Ôe, »A Japanese writer's reality«
(englisch), Wintersemester 1999/2000.

Scott Bradfield, »Literature and Crap in American
Pop Culture« (englisch), Wintersemester 2000/2001.

Sergio Ramírez, »La novela latinoamericana en el
cambio de siglo« (spanisch), Sommersemester 2001.

Marlene Streeruwitz, »Subjekt. Prädikat. Objekt.
Gebrauch, Nutzen und Begriff von Texten im Alltag«
(deutsch), Wintersemester 2001/2002.

Robert Hass, »The Idea of a Tradition in American
Poetry« (englisch), Sommersemester 2002.

Yann Martel, »Meeting the Other: The Animal in Western Literature« (englisch), Wintersemester 2002/2003.

Alberto Manguel, »Borges and the transformation of literature« (englisch), Sommersemester 2003.

Etgar Keret, »From idea to plot« (englisch), Wintersemester 2003/2004.

Feridun Zaimoglu, »Literature to go« (deutsch), Sommersemester 2004.

Nora Amin, »Streams of Opposition« (englisch), Wintersemester 2004/2005.

Michèle Métail, »inner/außerhalb der seite: der raum des gedichts« (deutsch), Sommersemester 2005.

SAMUEL-FISCHER-GASTVORTRAG:
Antonio Skármeta, »Kurzes literarisches Selbstportrait« (deutsch), Wintersemester 2000/2001.

Zu den Autorinnen
und Autoren

Der Deutsche Akademische Austauschdienst (DAAD),
die Freie Universität Berlin, der S. Fischer Verlag, Frankfurt am Main/Berlin, und das Veranstaltungsforum der
Verlagsgruppe Georg von Holtzbrinck haben 1998 gemeinsam die Samuel-Fischer-Gastprofessur für Literatur an der Freien Universität Berlin eingerichtet, die
der Vermittlung und kritischen Reflexion der Literaturen der Welt dienen soll. Die folgenden Autorinnen und
Autoren waren zwischen 1998 und 2005 als Samuel-
Fischer-Gastprofessoren in Berlin.

VLADIMIR SOROKIN

Vladimir Sorokin wurde 1955 in Moskau geboren. Nach
einem Ingenieurstudium arbeitete er als Buchillustrator,
bevor er Mitte der siebziger Jahre seine ersten Erzählungen zu schreiben begann. Sein erster international durch-
schlagender Erfolg gelang ihm mit seinem Roman *Die
Schlange*, der in zehn Sprachen übersetzt wurde. Inzwi-

schen ist Sorokin weltweit als einer der führenden Avantgardisten der russischen Gegenwartsliteratur bekannt. Neben weiteren Erzählungen und Theaterstücken sind zuletzt in deutscher Sprache seine Romane *Der himmelblaue Speck* und *Ljod. Das Eis* erschienen.

V. Y. MUDIMBE

Valentin Yves Mudimbe, geboren 1941 in Likasi, Zaire, gehört zu den bekanntesten Autoren Afrikas. Nach seiner Promotion in Romanischer Philologie erhielt er eine Professur für Linguistik und vergleichende Grammatik der indoeuropäischen Sprachen an der Universität von Zaire und wechselte 1980 an die Stanford University, California, wo er Literatur und African Studies lehrt. Neben seiner Tätigkeit als Professor, Wissenschaftler und Herausgeber der Zeitschrift *Encyclopedia of African Religions and Philosophy* ist Mudimbe Autor zahlreicher theoretisch-philosophischer und literarischer Werke. In seinen Gedichten und Romanen setzt er sich mit der Zerrissenheit Afrikas zwischen Tradition und europäischem Einfluß auseinander. Als führender Intellektueller beschreibt er den Prozeß der Auflösung und Zerstörung Afrikas, verursacht durch Kolonialisierung, Missionierung und Entwicklungshilfe. Zu seinen wichtigsten Publikationen gehören *The Invention of Africa* (1988) und *The Idea of Africa* (1994) sowie in deutscher Sprache *Auch wir sind schmutzige Flüsse* (1982).

Kenzaburô Ôe wurde 1935 auf der Insel Shikoku im
Süden Japans geboren. Er studierte von 1954 bis 1959
französische Literatur an der Universität Tokyo. Eine
seiner ersten Erzählungen, *Der Fang* (1958), wurde mit
dem Akutagawa-Preis ausgezeichnet. 1960 war er Mit-
begründer der »Wakai Nihon no kai« (Gruppe Junges
Japan), die mit ihren Aktionen gegen den japanisch-
amerikanischen Sicherheitsvertrag protestierte. 1994
wurde Ôe für die dichterische Kraft, mit der er der japanischen Nachkriegsliteratur neue Wege gewiesen hat,
mit dem Nobelpreis für Literatur ausgezeichnet. Neben
seinen Erzählungen wie *Stolz der Toten* (1958) und *Der
kluge Regenbaum* (1980/1983) sind eine Vielzahl von
Romanen auch auf Deutsch erschienen, u. a. *Reißt die
Knospen ab* (1958), *Verwandte des Lebens* (1989), die
Romantrilogie *Grüner Baum in Flammen* (1993 – *Grüner
Baum in Flammen*, *Der schwarze Ast*, *Der atemlose
Stern*) und *Tagame* (2000).

SCOTT BRADFIELD

Scott Bradfield wurde 1955 in San Francisco geboren.
Nach einer Lehre als Buchhändler studierte er an der
University of California in Los Angeles und Irvine.
Dort promovierte er mit einer Arbeit über den ameri-
kanischen Roman und lehrte dann fünf Jahre amerika-
nische Literatur in Irvine. Bradfields erster Roman *Die*

Geschichte der leuchtenden Bewegung wurde 1989 veröffentlicht. Es folgten die Kurzgeschichten-Sammlun-
gen *Dream of the Wolf* und *Greetings From Earths* (dt.
Unzweifelhaft der Beste) sowie die Romane *Was läuft
schief mit Amerika* und *Animal Planet*. Bradfield schrieb
neben seinem Sachbuch *Dreaming Revolution: Trans-
gression in the Development of American Romance* außerdem für Film und Fernsehen. Heute lebt der Autor in
London und in Connecticut, wo er an der University of
Storrs englische Literatur lehrt. Außerdem ist er als
Journalist und Literaturkritiker tätig. 2005 erschien sein
Roman *Gute Mädchen haben's schwer*, der von der
Kritik aufgrund seiner Vielschichtigkeit und seines bril-
lanten schwarzen Humors, mit dem Bradfield den kli-
matisierten Alptraum Amerikas beschreibt, begeistert
gefeiert wurde.

SERGIO RAMÍREZ

Als gewählter Vizepräsident der sandinistischen Regierung zwischen 1984 bis 1990 erlebte und gestaltete der
nicaraguanische Politiker und Schriftsteller Sergio Ramírez die Ereignisse an vorderster Front entscheidend
mit. Auf diese Zeit der sandinistischen Revolution blickt
er in *Adiós, Muchachos!* (2001) zurück. Es geht ihm, der
mittlerweile eine eigene Partei gegründet hat, aber nicht
um eine Abrechnung: Mit seinem Buch, das in ganz Lateinamerika für Aufsehen sorgte, versucht er, neue Per-

spektiven für ein demokratisches Nicaragua zu entwik-
keln. Ramírez ist seit den sechziger Jahren literarisch
und politisch aktiv. Ende der Siebziger baute er die
»Gruppe der 12« auf, einen Zusammenschluß von Intel-
lektuellen, der die militärischen Aktionen des »Frente
Sandinista« diplomatisch flankierte. Sein besonderes
Interesse gilt dem Phänomen der Diktatur und den
gesellschaftlichen Strukturen, die sie ermöglichen. 2004
erschien sein neuester Erzählband, *Vergeben und Vergessen,* auch auf Deutsch.

MARLENE STREERUWITZ

Marlene Streeruwitz wurde in Baden bei Wien geboren.
Sie studierte Slawistik und Kunstgeschichte in Wien
und verfaßte Hörspiele, u. a. für den WDR und ORF.
Seit 1992 werden ihre Theaterstücke an allen wichtigen
Bühnen gespielt, darunter Uraufführungen am Schau-
spiel Köln, den Münchner Kammerspielen, dem Deutschen Theater Berlin und den Wiener Festwochen. Für
ihren ersten Roman, *Verführungen* (1996), erhielt sie
1997 den Mara-Cassens-Preis. Marlene Streeruwitz ist
seit Beginn ihrer Karriere mit zahlreichen Preisen, wie
dem Hermann-Hesse-Literaturpreis (2001), gewürdigt
worden. Neben ihrer schriftstellerischen Tätigkeit hielt
Marlene Streeruwitz 1998 auch Vorträge im Rahmen
der renommierten Frankfurter Poetikvorlesungen unter
dem Titel *Können. Mögen. Dürfen. Sollen. Wollen. Müs-*

sen. Lassen. Zuletzt erscheinen die Bücher: *Nachwelt* (2000), *Partygirl* (2002), *Gegen die tägliche Beleidigung* (2004), *Jessica* (2004), *morire in levitate* (2004). Die Autorin lebt und arbeitet in Wien und Berlin.

ROBERT HASS

Robert Hass ist Autor der Gedichtbände *Field Guide*, *Praise*, *Human Wishes* und *Sun Under Wood* sowie Übersetzer des polnischen Literatur-Nobelpreisträgers von 1980, Czeslaw Milosz. Von 1995 bis 1997 hatte Hass das Amt des »poet laureate« der Vereinigten Staaten von Amerika in Washington inne. Er nutzte das Prestige dieser Institution unter anderem dafür, sich in den Medien und auf Vortragsreisen öffentlich für Umweltschutzfragen und die Alphabetisierung sozial benachteiligter Kinder einzusetzen. Robert Hass wurde unter anderem mit dem MacArthur Fellowship und für seine Essaysammlung *Twentieth Century Pleasures* mit dem National Book Critics Circle Award ausgezeichnet. Er lehrt am English Department der University of California in Berkeley. 2005 erschien auf deutsch der Band *Die Wünsche der Menschen*.

YANN MARTEL

Yann Martel, geboren 1963 in Spanien als Sohn einer kanadischen Diplomatenfamilie, wuchs in Mexiko, Ohio, Frankreich, Alaska und Costa Rica auf. Nach vielen Stationen seines Lebens kehrte er nach Kanada zurück, um Philosophie an der Trent University in Peterborough zu studieren. Ebenfalls in Kanada verfaßte der Schriftsteller bislang drei Bücher, in denen er Identitäten, Geschlechterrollen und Religionen erkundet. Sein erstes Werk erschien 1993 unter dem Titel *Die Hintergründe zu den Helsinki-Roccamatios*, ein Band Kurzgeschichten, für die er mit dem Journey Prize ausgezeichnet wurde und deren Titelgeschichte 1994 verfilmt wurde. 2005 erschien der Erzählband auch auf Deutsch im S. Fischer Verlag. 1997 folgte der Roman *Self*, der in mehrere Sprachen übersetzt wurde, und 2001 *Life of Pi*, auf deutsch *Schiffbruch mit Tiger*, für den er im Oktober 2002 den Man Booker Prize for Fiction erhalten hat. Heute lebt und schreibt der Autor in Montréal.

ALBERTO MANGUEL

Alberto Manguel wurde 1948 in Buenos Aires geboren, wuchs in Israel und Argentinien auf und ist kanadischer Staatsbürger. In mehreren Sprachen zu Hause, wirkte er in Paris, Mailand, London und Toronto als Verlagslektor, Literaturdozent und Übersetzer. Sein in fast alle Weltsprachen übersetztes Buch *Eine Geschichte des Lesens* wurde 1989 mit dem Prix Médicis ausgezeichnet. In seinem letzten Buch, *Stevenson unter Palmen,* schildert Alberto Manguel, wie sich der Autor der *Schatzinsel*, Robert Louis Stevenson, in die Südsee zurückgezogen hat. Doch plötzlich fällt ein Schatten über die Insel, als dessen Auslöser Stevenson, der Schöpfer von Dr. Jekyll und Mr. Hyde, vermutet wird: Eine phantastische Erzählung und eine metaphysische Kriminalgeschichte. Das 2005 veröffentlichte *Tagebuch eines Lesers* liest sich als eine Liebeserklärung an das Lesen selbst, in dem der Autor von der Relektüre seiner Lieblingsbücher im Laufe eines Jahres berichtet – intimes Lesetagebuch und Journal eines aufmerksamen Zeitgenossen.

ETGAR KERET

Etgar Keret wurde 1967 in Tel Aviv geboren und veröffentlicht seit 1991 Kurzgeschichten und Comics. Seine Anthologien sind in neun Sprachen übersetzt worden. Er schreibt fürs Fernsehen, lehrt an der Filmakademie in Tel Aviv und hat über 40 Kurzfilme produziert. Seine Erzählungen, Comics und Kurzfilme treffen das Lebensgefühl der jüngeren Generation in Israel. Seine Bücher sind in Israel alle Bestseller. In seinem Kurzgeschichtenband *Mond im Sonderangebot* beweist der Autor, daß er es ernst meint, wenn er schreibt: »Die besten Waffen, sich gegen etwas zu wehren, was hoffnungslos scheint, sind Humor und Witz.« Auf Deutsch liegen die Erzählbände *Gaza Blues* (1999), *Pizzeria Kamikaze* (2000), *Der Busfahrer, der Gott sein wollte* (2001), *Mond im Sonderangebot* vor (2003).

Feridun Zaimoglu, geboren 1964 im anatolischen Bolu, lebt seit mehr als 30 Jahren in Deutschland. Er studierte Kunst und Humanmedizin in Kiel, wo er seither als Schriftsteller, Drehbuchautor und Journalist arbeitet. Er schreibt u. a. für *Die Welt*, *Die Zeit* und die *Frankfurter Allgemeine Zeitung*. Feridun Zaimoglu ist Gründer der Gruppe »Kanak Attack«. Unter diesem Titel kam auch die Verfilmung seines Werkes *Abschaum* in die Kinos. Im Jahr 2002 erhielt er den Hebbel-Preis, 2003 den Preis der Jury beim Ingeborg-Bachmann-Wettbewerb. Zuletzt sind erschienen: *German Amok* (2002), *Leinwand* (2003) sowie die Erzählungen *Zwölf Gramm Glück* (2004) und *Leyla* (2006).

NORA AMIN

Nora Amin ist eine der erfolgreichsten Autorinnen ihrer Generation in Ägypten. Geboren 1970, hat sie 1992 ihr Studium in Französisch und Vergleichender Literaturwissenschaft abgeschlossen und neun Jahre lang im Organisationskomitee des Internationalen Festivals für Experimentelles Theater in Kairo gewirkt. Sie war Lehrkraft an der Kunstakademie in Kairo. Nebenbei leitete sie zahlreiche Theaterworkshops auch in Europa, führte Regie bei diversen Theaterproduktionen und gründete LaMusica, eine freie Theatergruppe in Kairo. Sie ist eines der Gründungsmitglieder der Oper von Kairo. Im

Schreiben hat sie schließlich das Medium gefunden, in dem, wie sie sagt, ihre Erfahrungen am besten ineinander fließen.

MICHÈLE MÉTAIL

Die Sprachmeisterin Michèle Métail, Jahrgang 1950, studierte Germanistin und promovierte Sinologin, ist Wissenschaftlerin, Übersetzerin, Lyrikerin und Mitbegründerin des Vereins »Les arts contigus«, der sich mit der Annäherung und Begegnung verschiedener künstlerischer Ausdrucksformen beschäftigt. Michèle Métail schreibt an einem unendlichen Gedicht. Im Rahmen ihrer Gastprofessur ›performte‹ sie aus einer 20 Meter langen Papierrolle einen Abschnitt der 2888 Donauverse. Es handelt sich um eine Reise entlang der 2888 Flußkilometer der Donau und eine Reflexion der Sprache, angesiedelt in dem Zwischenraum von Mutter- und Fremdsprache, in der Michèle Métail die Geschichte der Wörter und damit auch die der Menschen erzählt.

ANTONIO SKÁRMETA

Der Schriftsteller und Literaturprofessor Antonio Skármeta, geboren 1940 in Chile, emigrierte 1973 nach der Machtübernahme der chilenischen Militärjunta nach West-Berlin. 1989 kehrte er zurück in seine Heimat und wurde im Sommer 2000 als Botschafter seines Landes nach Berlin berufen. Skármeta, der Romane, Erzählungen, Hörspiele und Drehbücher geschrieben hat, erhielt zahlreiche internationale Preise, u. a. den Prix Médicis für den Roman *Die Hochzeit des Dichters*. Sein größter Bucherfolg, *Mit brennender Geduld*, wurde mehrfach verfilmt, zuletzt unter dem Titel *Il Postino*. 2003 erschien sein preisgekröntes Kinderbuch *Der Aufsatz* über das Wesen der Diktatur, das Verständnis von Recht und Unrecht, Vertrauen und Verrat, Angst und Mut. Antonio Skármeta hielt den ersten Samuel-Fischer-Gastvortrag.

Quellennachweise

VLADIMIR SOROKIN/DURS GRÜNBEIN. Übersetzt von Barbara Lehmann. Aus: Das Zeitmagazin vom 19.2.1998, Nr. 9, S. 10.

V. Y. MUDIMBE. Übersetzt von Esther von der Osten. Aus dem unveröffentlichten Manuskript *Cheminements* 1998–2002.

KENZABURÔ ÔE. Übersetzt von Nora Bierich. Auszüge aus dem Roman *Tagame. Berlin–Tokyo*. Frankfurt am Main: S. Fischer 2005, S. 33–34, 35–39, 43–44, 61–64. Abdruck mit freundlicher Genehmigung des Verlags. © 2005 S. Fischer, Frankfurt am Main.

SCOTT BRADFIELD. Übersetzt von Manfred Allié. Originalbeitrag.

SERGIO RAMÍREZ. Übersetzt von Lutz Kliche. Aus dem Erzählband *Vergeben und vergessen*. Zürich: edition 8 2004. Abdruck mit freundlicher Genehmigung des Verlags. © 2004 edition 8, Zürich.

MARLENE STREERUWITZ. Auszüge aus der Erzählung *Majkowski-ring*. Frankfurt am Main: S. Fischer 2000, S. 7–8, 9–11, 13–15, 23, 26, 27–32, 33–35, 37–39, 61–65, 72–76, 85–88, 95–98, 107, 109–111. Abdruck mit freundlicher Genehmigung des Verlags. © 2000 S. Fischer, Frankfurt am Main.

ROBERT HASS. Übersetzt von Hans Jürgen Balmes. Originalbetrag.

YANN MARTEL. Übersetzt von Manfred Allié. Originalbeitrag.

ALBERTO MANGUEL. Übersetzt von Chris Hirte. Alberto Manguel arbeitete in Berlin an seinem neuen Buch, *A Library At Night*, aus dem er ein Kapitel als Vortrag umarbeitete. Abdruck mit freundlicher Genehmigung des Verlags. © 2006 S. Fischer, Frankfurt am Main.

ETGAR KERET. Übersetzt von Barbara Linner. Originalbeitrag.

FERIDUN ZAIMOGLU. Originalbeitrag.

NORA AMIN. Übersetzt von Raphael Urweider. Originalbeitrag.

MICHÈLE MÉTAIL. Übersetzt von Esther von der Osten. Original-beitrag aus dem Manuskript *Le goût des prunes sucrées-salées*.

ANTONIO SKÁRMETA. Aus: Merian Berlin, Heft 6 / 1998, S. 129ff.

WLADIMIR KAMINER. Originalbeitrag.

GERT MATTENKLOTT. Originalbeitrag.

Berliner Künstlerprogramm des DAAD, lieferbar bei Matthes & Seitz Berlin

Zsófia Balla
Schwerkraft und Mitte
Gedichte
Aus dem Ungarischen
und mit einem Nachwort
von Daniel Muth
96 Seiten, Euro 11,80
ISBN 3-89357-098-5

Mircea Cărtărescu
Selbstportrait in einer Streich-holzflamme
Gedichte
Aus dem Rumänischen
und mit einem Nachwort
von Gerhardt Csejka
80 Seiten, Euro 11,80
ISBN 3-89357-099-3

Bora Ćosić
Die Toten
Das Berlin meiner Gedichte
Aus dem Serbischen
von Irena Vrkljan und
Benno Meyer-Wehlack
Nachwort von Benno
Meyer-Wehlack
128 Seiten, Euro 11,80
ISBN 3-89357-095-0

Aris Fioretos
Mein schwarzer Schädel
Essay
Aus dem Schwedischen
von Paul Berf
Mit einem Nachwort
von Durs Grünbein
63 Seiten, Euro 11,80
ISBN 3-89357-108-6

László F. Földényi
Mit dem Unbegreiflichen leben
Notizen aus Berlin
Essays
Aus dem Ungarischen von
Hans Skirecki und Akos Doma
Nachwort von
Herrmann Wallmann
64 Seiten, Euro 11,80
ISBN 3-89357-090-X

Hugo Hamilton
Unschuldsgefühle
Aus dem Englischen von
Hans-Christian Oeser
Nachwort von Colm Tóibín
80 Seiten, Euro 11,80
ISBN 3-89357-104-3

Michèle Métail
Gehen und Schreiben
Gedächtnis-Inventar
Gedichte, Fotografien,
Erkundungen
Aus dem Französischen
von Elfriede Czurda
Nachwort von Herbert Wiesner
104 Seiten, Euro 11,80
ISBN 3-89357-103-5

Fabio Morábito
Das geordnete Leben
Erzählungen
Aus dem mexikanischen
Spanisch von Thomas Brovot
und Susanne Lange
Nachwort von Michi Strausfeld
164 Seiten, Euro 11,80
ISBN 3-89357-105-1

Viktor Pelewin
Der Wasserturm
Erzählungen
Aus dem Russischen
von Andreas Tretner
Nachwort von Daniel
Dylan-Böhmer
ca. 60 Seiten, Euro 11,80
ISBN 3-8957-106-X

Leung Ping-kwan
**Von Politik und den
Früchten des Feldes**
Gedichte
Aus dem Chinesischen
und mit einem Nachwort
von Wolfgang Kubin
88 Seiten, Euro 11,80
ISBN 3-89357-059-4

Ottó Tolnai
Eine Postkarte an Don Dukay
Neun Geschichten aus der Provinz
Aus dem Ungarischen
von György Buda, Nachwort
von Gábor Csordás
110 Seiten, Euro 11,80
ISBN 3-89357-112-4

Olga Tokarczuk
Spiel auf vielen Trommeln
Erzählungen
Aus dem Polnischen von
Esther Kinsky
144 Seiten; Euro 14,80
ISBN 3-88221-107-5

Dies ist eine wahre Geschichte
Neuseeländische Autoren
in Berlin
Aus dem neuseeländischen
Englisch von Cornelia C. Walter
114 Seiten, Euro 11,80
ISBN 3-89357-101-9

Literatur total
Autoren lesen in der
daadgalerie
Hörbuch, 2 CDs mit Booklet
ISBN 3-89357-102-7

**Was hat uns das Exil
gebracht?**
Ein Gespräch zwischen
Gao Xingjian und Yang Lian
über chinesische Literatur
Aus dem Chinesischen
von Peter Hoffmann
120 Seiten, Euro 11,80
ISBN 3-89357-094-2

Zweite Auflage Berlin 2006

MSB Matthes & Seitz Berlin Verlagsgesellschaft mbH
Göhrener Str. 7, 10437 Berlin
info@matthes-seitz-berlin.de

ISBN 3-88221-108-3

daad Spurensicherung 17
Herausgegeben vom Berliner Künstlerprogramm
des DAAD

UMSCHLAGGESTALTUNG:
Doren + Köster, Berlin

LEKTORAT:
Birgit Albrecht

DRUCK UND BINDUNG:
Pustet, Regensburg
www.berliner-kuenstlerprogramm.de
www.matthes-seitz-berlin.de